안 써서 사라져가는
아름다운 우리말

출래참꽃개꽃개좆나무
늦잠버들개지밤느정이
강아지풀가라지도사리
노굿꽃다지꽃등무녀리
뻘기 새품달품갈품
손톱모래톱 모랫등 풀등
오얏정 돌정검다리
출래참꽃개꽃개좆나무
늦잠버들개지

안 써서 사라져가는 아름다운 우리말

1판 1쇄 발행 2000년 10월 9일
개정판 1쇄 발행 2004년 9월 13일
개정판 3쇄 발행 2008년 10월 28일

지은이 남영신
펴낸이 김현정
펴낸곳 도서출판리수

기획·홍보 김현주
북디자인 알디
문장 교열 국어문화운동본부의 백귀회, 신현주 문장사

등록 제4-389호(2000년 1월 13일)
주소 서울시 성동구 행당동 328-1 한진노변상가 117호
전화 2299-3703
팩스 2282-3152
홈페이지 www.risu.co.kr
이메일 risubook@hanmail.net

ⓒ 2000, 남영신

ISBN 978-89-90449-49-8 04700
※책값은 뒤표지에 있습니다.
※잘못 제본된 책은 바꾸어 드립니다.

지피지기 1

안 써서 사라져가는

아름다운 우리말

남영신 지음

리수

머리말

요즘 아이들은 참 말을 잘한다. 과거에 비해서 말을 주고받을 기회가 훨씬 더 다양하게 되었기 때문일 것이다. 그런데 이들이 하는 말을 가만히 들어 보면 말을 제대로 잘하는 것이 아니라 제 마음대로 잘하는 것이다.

"야! 쟤 롱다리 정말 끝내주지 않냐?"
"우와 정말 울트라캡송나이스짱이다. 그런데 난 이게 뭐야. 아 열받아."

대충 이런 대화를 잘한다. 이런 대화를 하던 아이에게 자기 소개를 하라고 하면 어떻게 할까? 과연 좋은 단어를 요령 있게 써서 자기를 잘 표현할 수 있을까? 이런 아이들에게 영어를 가르치면 영어는 제대로 할 수 있을까? 평소에 좋은 단어를 골라서 쓰던 버릇을 하지 못하던 아이들이 영어를 쓴다고 해서 제대로 알맞은 단어를 골라서 쓰게 될까?

아이들은 이런 언어 생활을 알게 모르게 어른들에게서 배웠을 것이다. 어른들은 새로운 어휘를 배우려 하지 않고 아는 것을 이리저리 두루 쓰려는 습성을 보여 왔다. 가을에 들에 피는 꽃은 웬만하면

'들국화'이고, 그것도 자신이 없으면 그냥 '이름 모를 꽃'이다. 이렇게 어휘 능력이 없는 사람들 속에서 살면서 우리 아이들은 더욱 어휘력이 줄어들어 이제 그들은 자기가 아는 몇 개의 단어를 이리저리 구부리고 꼬아서 자기가 나타내고자 하는 뜻을 표현하려 한다. 이런 언어로는 우리 아이들이 고급한 문화인으로 성장하기 어려울 것이고, 이런 언어 능력으로는 외국어를 아무리 잘 배우려 해도 한계가 있을 것이다.

우리는 언어 능력이 개인의 능력으로서 매우 중요시되는 세상을 살고 있다. 국어뿐 아니라 영어도 잘해야 하는 시대에 살고 있는 것이다. 이런 시대에 우리 아이들이 아직 국어를 제대로 하지 못한다면 우리 사회에서 이들의 설 자리는 점점 좁아질 것이고, 이런 아이들이라면 영어를 수십 년 배우더라도 세계인들 속에서 그들의 자리를 당당하게 차지하기는 어려울 것이다.

이 책이 우리 국민들에게 우리의 언어 능력을 높이는 문제를 좀 진지하게 생각하는 계기를 마련해 준다면 좋겠다.

남영신

차례

머리말 5

1. '니퐁' 과 '코리아' 의 의미 심장한 차이

'니퐁' 과 '코리아' 의 의미 심장한 차이 15
'불란서' 는 살고 '리오' 는 죽는다 16
팬티를 사 보시겠습니까 18
아직 정리되지 않은 외래어 사투리 22
외래어는 내국인을 위한 것이지 외국인을 위한 것이 아니다 26
왜 꼭 우리말인가 29

2. 일반인이 쓰는 말을 쓰면 전문가 체면이 깎이는가

삼개가 마포(麻浦)로, 애오개가 아현(阿峴)으로 35
지게차와 포크리프트 36
군졸과 정승집 개 36
나를 흥분시킨 훈글 39
일반인이 쓰는 말을 쓰면 전문가 체면이 깎이는가 40
교수가 아니라 학생들이었다는 점 42

3. '눈알' 보다는 '안구' 를 '입안' 보다는 '구강' 을 좋아하는 사람들

'눈알' 보다는 '안구' 를 '입안' 보다는 '구강' 을 좋아하는 사람들 47
외국인에게 이름 묻고 혼쭐난 한국인 48
나이, 연령, 연기, 연세, 춘추의 차이점을 외국인에게 어떻게… 50
이제 '안면(顔面)' 을 뜯어고치자, 예쁜 '얼굴' 로 51
3연패, 내리 졌다는 건지 내리 이겼다는 건지 52
이 정도는 되어야 지식인이 봄직한 글인가 53
이런 정치학 책 54
쉽게 쓸 수 있는 낱말을 어렵게 만드는 것도 전문가의 몫 56
역사 책 읽으려면 중국어와 일본어는 기본? 58
불이 아주 밝게 불밝혀져? 60

4. 늘 쓰는 말인데도 정확한 뜻을 모른다

웬 새삼스런 이야기? 65
늘 쓰는 말인데도 정확한 뜻을 모른다 66
일본인들의 말글살이에서 본받을 만한 점 68
1학년처럼 낱말 공부부터 다시 시작하라 69
영어 사전만 보지 말고 국어 사전도 봐라 70

5. 사라질까봐 걱정되는 우리말

쌀나무와 벼 75
육젓은 여섯 가지 고기로 담근 젓? 76
뱅어포는 뱅어로 만들지 않는다 77
참꽃이 없어지니 개꽃도 없어진다 78
괴좆나무라니? 80
버들개지와 쵤래 81
밤느정이와 노굿 82
강아지풀이면 다 강아지풀이냐 83
귤 밭이 도사리 밭으로 84
처음 맺힌 열매와 꽃다지 85
새품, 달품, 갈품 86
모래톱과 모랫등 87
오얏과 자두 88
으악새가 슬피 우는 사연 90
징검다리와 징검돌 91
샘, 도랑, 개울, 시내 95

6. 실수하기 쉬운 말

'장만' 인가 '마련' 인가　101
맨발 벗고 뛰라고?　102
닻은 주는 것　103
채는 치는 것　105
'삼가해' 와 '마다할'　106
'안절부절' 해야 하는가 못해야 하는가　107
그 정도는 '어렵사리' 할 수 있다?　110
낫 놓고 기역자를 외울 무식쟁이?　112
진력을 다하지 마시오　114

7. 틀린지조차 몰랐던 말

어느 전문가의 실언　119
마음을 잡수라니　120
마이크 앞에만 서면 나는 왜 작아지는가　121
복과 축복　124
헷갈리게 하는 신문 제목　125
'박문수' 와 '방문수'　128

9

영어로 코를 고는 복부인 129
'독립선언서'와 '독립 선언서' 130
화무는 십일홍이요 131
'견원지간'과 '뜨거운 감자' 133

8. 알아 봤자 써먹을 데 없는 한자말 공부

누구더러 배우라는 것인가 137
어떻게 써먹으라는 것인가 139
축록하는 정치인들? 139
무엇을 배우라는 것인지 141
지척에서 오줌을 누나? 143
재고팔두? 그게 무슨 소리지! 144
난의 향기를 듣는다 146

9. 우리는 왜 우리말을 발전시키지 못하는가

언어 편집증(言語偏執症) 151
우리말엔 왜 그렇게 지나치게 엄격한지 155
낮은 언어 능력 때문인가 163

우리의 언어 능력을 형성시킨 몇 가지 배경 171

10. 영어 공용어 논쟁과 우리 언어의 자화상

공용어 논쟁을 일으킨 사람들 183
논쟁의 맹점 187
논쟁의 무모성 191
논쟁에서 얻은 소득 193
영어를 어떻게 볼 것인가 196
민족과 모국어 201
외국어와 모국어는 영원한 보완 관계 207

끝말 국어를 위해 국가가 해야 할 일 몇 가지 211

1. '니퐁'과 '코리아'의 의미 심장한 차이

'니퐁'과 '코리아'의 의미 심장한 차이

최근 국제 경기 대회를 유심히 보다 보면 참 놀라운 사실을 발견하게 된다. 선수들이 입고 뛰는 운동복에는 모두 자기 나라 이름이 영어로 씌어 있는데 겉으로 보기에는 별로 차이가 없어 보이지만 안으로는 대단한 차이가 있다. 다 아는 바와 같이 한국을 포함한 중국, 일본 같은 나라는 영어로 불리는 이름과 자기들이 부르는 이름이 같지 않다. 중국은 'China(차이나)'이고, 일본은 'Japan(저팬)'이고 한국은 'Korea(코리아)'이다.

그래서 중국은 가끔 주체성을 살린다는 의미에서 '中國'이라고 한자로 쓰고 나올 때도 있지만 요즘은 영어로 'China'라고 쓰고 나오는 경우가 많은 것 같다. 일본은 중국처럼 가끔 '日本'이라고 쓰는 경우가 있었으나 요즘은 거의 볼 수 없고 대신 'Japan'과 'Nippon'을 섞어 쓰는데 아시아에서 경기할 경우나 국내에서는 'Nippon'이라는 이름을 더 즐겨 쓰는 것 같다. 서서히 그들 나라 이름을 'Nippon'으로 바로잡아 보겠다는 의지의 표현으로 보인다. 이에 비해 한국은 국제 경기에서 단 한 번도 '한국' 또는 '대한민국'이라는 이름을 걸어 본 일이 없다. 언제나 'Korea'였다. 그런데 우리의 경우는 외국 사람들에게만 우리 이름을 그렇게 표기한 것이 아니고 국내에서 내국인들에게도 우리 나라 이름을 그렇게 표기해 왔다.

예컨대 '고려대학교'의 영어 이름에 'Korea'가 들어 있고 대한항공은 'Korea Airline' 이며, 한국야쿠르트는 'Korea Yakult' 이다. 이들에 붙은 '한국', '대한'은 '한국에 있는'의 뜻이 아니고 그냥 자기 대학이나 회사의 이름인데도 그 이름을 그대로 살려서 영어로 'Goryo/Koryo' 나 'Hankuk' 처럼 쓰지 못하고 외국인이 우리 나라를 부르는 이름인 'Korea' 로 바꾸어 놓는다. 또 신문이나 방송에서도 "코리아의 명예를 세계에 떨치고…" 어쩌고 하여 우리 나라 이름을 '코리아' 라고 전혀 부담 없이 이야기하고 있다.

대체 우리 나라 이름이 '코리아' 인가? 왜 일본인들은 운동복에 그들 나라 이름을 'Nippon' 이라고 대문짝만하게 쓰고 다닐까? 왜 우리는 동네 경기에서도 운동복에 자랑스럽게 'Korea' 라고 적힌 운동복을 즐겨 입어야 할까? '한국' 이나 '대한민국' 은 자랑스럽지 않고 'Korea' 만 자랑스러워서 그러는가?

'불란서'는 살고 '리오'는 죽는다

김형원 님이 쓴 시에 "숨쉬이는 목내이"라는 것이 있다. 그 전문은 아래와 같다.

오, 나는 본다!
숨쉬이는 목내이(木乃伊)를.

'현대'라는 옷을 입히고,

'제도'라는 약을 발라,
'생활'이라는 관(棺)에 넣은
목내이(木乃伊)를 본다.

그리고 나는,
나 자신이 이미
숨쉬이는 목내이(木乃伊)임을
아, 나는 조상(弔喪)한다!

모르긴 하지만 한문 공부를 웬만큼 한 사람도 위 시에 나오는 '목내이(木乃伊)'가 무엇인지 모를 것이다. 한자의 뜻풀이로는 전혀 그 말의 뜻을 알 수 없고 고사성어나 숙어가 아닌가 생각해 보기도 하겠지만 사서삼경이나 강희자전에도 나오지 않는 말이다. 이 말은 '미이라(mirra/mumiyah)'를 중국인들이 그들의 글자로 옮겨 적은 것이다. 한자로 적혀 있으되 뜻글자가 아닌 소리 글자인 셈이다. 사람이 죽으면 그 주검을 썩지 않게 잘 처리해서 보관한 것을 가리키는 그 미이라를 시인은 '목내이'라고 쓴 것이다.
이 시인뿐만 아니라 그 시대의 우리 지성인들은 외래어를 중국식 한문으로 표기했었다. 가스(gas)를 와사(瓦斯)라고 하거나 (김광균 님의 시에 '瓦斯燈'이라는 것이 있다), 터키를 토이기(土耳其)라고 하던 것이 그 예이다. 물론 지금도 프랑스를 불란서(佛蘭西), 도이치를 독일(獨逸), 유럽을 구라파(歐羅巴)로 부르고 있기도 하다. 왜 우리는 외래어를 중국인이나 일본인이 그들의 발음에 맞는 한자를 갖다 붙여 만든 것을 그대로 쓰면서도 전혀 아쉬움을 모를까? 더욱이 일본인들 입에서는 '佛蘭西', '獨逸', '歐羅巴'가 사라진 지 오래인데 우리 입에서만 아직 살아있는 것도 신기한 일이다.

그런데 얼마 전 '리오데자네이로'가 현지 발음과 다르다고 해서 '리우데자네이루'로 바뀌었다. '리오 카니발'이니, '리오 회담'이니 하며 잘 쓰다가 어느 날부터 '리우 카니발', '리우 회담' 등으로 바꾼 것이다. '리건'을 '레이건'으로 바꾼 것처럼 말이다. '불란서'는 살고, '리오'는 죽었다. 왜 그랬을까? 불란서는 입에 붙은 말이고, 리오는 입에 서투르니 기왕 서투를 것이면 현지 말과 같은 말로 쓰자는 심산이겠지만 어찌 보면 불란서는 한자로 적을 수 있는 말이고, '리오'는 그렇지 못하니 어차피 한자로 적지 않을 바에야 제 발음대로 '리우'로 함이 옳다고 판단했는지도 모를 일이다.

팬티를 사 보시겠습니까 | 필자는 국어정보학회에서 문화부의 후원을 받아 이태 동안 컴퓨터 용어를 국어(토박이말이나 한자말)로 바꾸는 작업을 했던 적이 있다. 그런데 이 일을 한사

코 싫어하는 사람들이 있었다. 이를 가장 싫어하는 사람들은 놀랍게도 한자를 숭상해 오던 사람들과 의식이 일치하고 있었다. 한자를 숭배하는 사람들은 '동양 문화권이 한자 문화권이므로 우리도 한자를 써야 한다'는 논리를 고수하는데, 외래어를 국어로 순화하는 일에 반대하는 사람들의 논리도 그와 거의 같아 "세계가 다 영어 용어를 쓰는데 구태여 우리말로 바꾸어서 우리만 고립을 자초할 필요가 없다"는 것이었다. 쉽게 말하면 외국인들과 의사 소통을 하는 데 외래어로 익히는 것이 우리만 아는 우리 용어를 쓰는 것보다 더 유익하다는 주장이었다.

현대는 수량 경제학이 발달한 시대여서 외국인과 의사 소통을 할 때 외래어를 많이 쓰는 사람이 그렇지 못한 사람보다 몇 퍼센트 정도 더 자유롭게 의사 소통을 잘 한다고 통계로 나와 있는지 알 수 없는 일이지만, 내가 들은 어떤 이의 경험을 들어보면 꼭 그런 것은 아닌 모양이다. 두 친구의 경험담을 들어보겠다.

한 친구가 미국에서 속옷을 몇 벌 사러 가게에 가서 팬티를 달라고 한 모양이다. 주인이 그에게 내 준 것은 여자의 팬티였다. 그래서 그는 자기를 가리키며 남자용 팬티를 달라고 서툰 영어로 손짓 몸짓을 섞어 가며 이야기했다는 것이다. 하지만 주인은 이상한 눈초리를 하면서 손을 내저었기 때문에 할 수 없이 그대로 가게를 나오고 말았는데, 뒤에 알고 보니 팬티는 여자용 속옷이고, 남자용은 팬츠라고 한다는 것이었다. 이 친구는 우리 나라에서 쓰던 팬티라는 용어를 미국에서 쓰다 어려움을 겪었던 것이다.

또 한 친구는 식당에 가서 물을 한 잔 마시려고 주인에게 큰 소리로 "워터, 플리즈" 하고 몇 번 외쳤지만 주인은 전혀 아랑곳하지 않더라는 것이다. 하도 답답해서 영어로 글자를 적어서 주었더니 그제야 빙긋 웃으며 물 한 컵을 내 주더라는 것이다. 이 친구의 발음이 영어와 전혀 어울리지 않아서 현지인이 못 알아들은 때문이었다. 이 친구가 외래어로서 '워터'를 쓰지 않고 영어로서 배운 'water'를 사용했다면 별문제가 없었을 것이다. 위의 이야기는 우리가 국내에서 쓰는 외래어가 현지의 언어와 같을 수 없음을 가르치는 예이다. 설령 발음이 비슷하다 해도 우리나라에서 사용되는 과정에서 그 뜻이나 쓰임새가 달라졌을 가능성도 있는 것이다.

미국에서 오랫동안 살면서 한국인에게 영어를 가르치는 일을 하고 있는 분이 한국인들에게 미국에서 이른바 '콩글리시'를 쓰지 말라고 주문하는 것을 신문에서 보았다. 한국인들이 쓰는 콩글리시는 매우 다양한 모양이다. 남북 정상 회담 때 공동 선언문에 서명을 한 뒤에 김정일 위원장이 여러 사람들과 함께 술을 마시는데 한 잔을 단숨에 들이켜자 이를 '원샷'이라고 풀이하였다. 이 말은 이미 우리 사회에서 널리 쓰이는 영어식 어휘인데 사실은 영어와 관계없는 말이라는 것이다. 또, 우리가 매우 자주 사용하는 외래어인 '파이팅(잘해라)', '아프터 서비스(보증 서비스)', '핸들(운전대)', '디씨(할인)' 같은 것이 모두 원어민은 모르는 우리식 영어라는 것이다. 그래서 사람들이 '영어가 한국에 와서 고생한다'는 우스개를 말하곤 하는가 보다.

어느 경우에나 한국인끼리 쓰는 외래어는 결코 외국어와 같을 수 없다. 따라서 외래어를 많이 알고 자주 쓰는 것이 외국어를 잘하는 지름길이 될 수 없음은 분명하다. 외국인과의 의사 소통은 외국어 자체를 익히는 방법으로 해결해야 한다. 외래어를 자주 쓰는 것은 외국어 발음을 익히는 데 오히려 역효과를 가져올 수 있다. 외국인과의 의사 소통을 원활하게 하기 위해서 평소에 외래어를 사용하자는 것은 국어와 외국어의 차이를 모르는 어리석은 사람들의 이야기라고 치부해도 좋으리라 생각한다.

일본의 경우 외래어를 자기 식으로 아주 독특하게 발음하는 것은 이미 잘 알려진 사실이다. 그리고 일본 사람들이 영어 등 외국어를 잘 못하는 것으로 알고 있지만, 외국에서 공부를 했거나 제대로 공부한 사람들은 또 잘한다고 한다. 그런데 이들의 특징은 아무리 본토 발음에 능통한 사람이라도 자기네들끼리 얘기할 때는 그 독특한 자기 식 발음을 그대로 사용한다는 점이다. 이 사실은 우리 학자들이나 외국을 다녀온 사람들의 경우와 대별되는 점이며, 또 외래어 사용과 외국어 공부의 차이점을 명확하게 해 주는 예이다.

아직 정리되지 않은 외래어 사투리 | 세계 여러 나라는 자기 나라의 말을 통일하기 위해서 표준말과 표준 발음을 확립해 놓고 있다. 우리 나라도 완벽하지는 않지만 표준말을 정하여 놓고 이를 사용하도록 국민을 교육하고 있다. 그런데 우리 나라 사람들은 우리 토박이말에 대해서는 철저하게 표준말과 사투리를 구별하려 하면서도 한자말이나 외래어에 대해서는 몹시 관대한 생각을 가지고 아무렇게나 사용하여도 되는 것처럼 생각하고 있다.

예컨대, '했습니까'가 표준말이고 '했습네까'는 사투리다. 외래어의 경우 '윈도우'는 사투리고 '윈도'가 표준말이다. 왜냐면 우리가 그렇게 정했기 때문이다. 미국인이 'window'를 '윈도우'로 발음하는 것은 그들의 표준 발음이고, 우리는 이것을 '윈도'로 표기하기로 했다. 그러면 그것으로 그만이다. 우리가 미국인의 발음을 분석해서 그 음가가 이러니 이렇게 표기해야 한다는 것은 우스갯짓이다. 아마 모르고 그렇게 썼을 것이지만 외래어 사투리가 넘쳐흐르고 있음이 틀림없다.

외국에서 살다가 갓 귀국한 사람들의 경우는 특히 더하다. 현지에서 자기가 썼던 발음을 살려 쓰려고 하는 점 말이다. 특히 높은 학위를 짊어지고 의기양양하게 돌아온 사람일수록 우리 나라에 외래어 표기법이 있는지도 모르고, 알아도 이에 전혀 개의치 않고, 자기가 현지에서 말하고 들었던 그대로 표기하려는 경우가 많음은 아쉬운 대목이다. 심지어 '파일(file)'이 현지 발음을 제대로 나타내는 데 한계가 있으니 새 글자를 하나 만들자고 제안하는 국어학자도 보았다. 예컨대 'ㅍ' 아래에 여린 소리를 내는 'ㅇ'을 덧붙여 '픙' 자를 하나 더 쓰자는 것이다. 국어에서 영어 'f' 발음을 정확하게 표기하는 것이 그리도 중요한 일일까? 우리는 국어를 사용하면서 동시에 영어를 사용해야 할 이유가 없다. 영어는 외국인과 영어로 의사 소통을 할 때 사용하면 되는 것이다.

조선일보사가 몇 년 전에 정보 통신에 관련된 자회사를 차리면서 그 회사 이름을 '디지틀 조선일보'라고 했다. 영어로는 'Digital Chosunilbo'로 되어 있다. 처음 이 회사 창설에 관계하던 분에게 'digital'은 '디지털'이니 '디지털 조선일보'로 해야 한다고 말했지만 결국은 '디지틀'로 이름이 확정되었다. 회사 이름이니 자기 마음대로 쓸 수 있다고 생각해서 그랬는지도 모른다. 어쨌든 '디지틀'은 '디지털'의 사투리이니 이 분들은 사투리 외래어를 사용하여 회사 이름을 만들었다는 말을 듣게 되었다.

최근에 영국에서 양을 인공으로 탄생시킨 일이 널리 알려지면서 인간 복제 가능성에 관심이 집중되었다. 이런 터에 미국 대통령이 사람의 유전체 지도를 완성했다는 발표를 하였다. 그런데 이 유전체 지도를 가리키는 단어인 'genome'을 어떻게 표기해야 하는가에 대하여 한 신문사가 강하게 자기 주장을 하고 나선

일이 있었다. 'genome'은 외래어 표기 용례집에 '게놈'으로 표기하도록 하였기 때문에 모든 신문과 방송이 '게놈'으로 표기하고 발표했다. 그런데 중앙일보는 이를 '지놈'으로 써야 한다고 주장하면서 신문에 그 이유를 자상하게 발표하였다. 그 내용은 아래와 같다.

일부 언론에선 지놈을 게놈으로 표기하고 있다. 그러나 학술용어는 어문학자들의 학문적 고려와 인위적 약속으로 결정돼선 안 된다. 지놈은 현실적으로 전세계인들이 가장 널리 사용하는 용어며 대부분의 학자들도 이에 찬성하고 있다. 비타민을 바이타민으로 해선 안 된다는 지적도 있다. 그러나 지놈은 비타민처럼 굳어진 용어가 아니다. 국내에선 게놈, 해외에선 지놈으로 따로 표기해야 할 이유가 없다는 점에서 본지는 지놈으로 표기하기로 한다.(중앙일보, 2000년 6월 27일)

이에 대한 반론은 내가 이미 해당 기자와 중앙일보에게 공식적으로 제기했으며 국어문화운동본부의 홈페이지(www.barunmal.com)에 올려놓았기 때문에 일부 사람들이 보았을 것이나 앞으로 사투리 외래어를 쓰는 저돌적인 지식인이 나오지 않도록 경계하고자 한 가지만 더 여기에서 설명해 두고자 한다.

우리가 사용하고 있는 외래어 표기법은 현지음을 기준으로 하는 매우 합리적인 규정이다. 현지음을 너무 중시하기 때문에 때로는 우리의 표기법이 무원칙하게 변하는 것 같은 모습이 나타나는 경우가 수없이 많다. 어떻든 이런 원칙을 원용하여 독일어 'genom'을 '게놈'으로 표기하기로 하였다. 여기에는 아무런 잘못이 없다.

그런데 중앙일보는 'genom'이 독일어 발음보다는 영어식 발음 '지놈(genome)'으로 널리 사용되고 있으니까 우리도 '지놈'으로 표기하는 것이 옳다고 주장한 것이다. 여기서 우리가 주의할 것은 독일어 'genom'을 '게놈'으로 표기한다는 것은 이 낱말이 가지고 있는 개념에 해당하는 단어로서 외래어 '게놈'을 인정하는 것이다. 따라서 같은 개념을 가진 영어 단어 'genome(지놈)'이 뒤늦게 수입되더라도 이 개념의 외래어는 '게놈'을 사용하는 것이 외래어 표기법의 정신에 맞다. 'vitamin'을 영어식으로 '바이타민'으로 쓰지 않는 것과 같은 이치이다.

학자들 가운데 '지놈'으로 쓰는 사람이 많다는 것은 미국에서 공부했거나 미국인이 쓴 책을 통해서 공부한 사람이 많기 때문일 것이다. 만에 하나, '게놈'보다 '지놈'이 더 합리적이라고 한다면 외래어 표기법을 담당하는 국립국어연구원에 의견을 제시하여 표기를 바꾸도록 한 다음에 그 결정에 따라서 쓰는 태도가 성숙한 언어 의식이라 할 것이다. 미국에서 공부하고 돌아온 분들이라고 해서, 또는 그 방면의 전문가라고 해서 외래어 표기법을 무시하면 외래어 표기법은 누구에게 통용되는 법이란 말인가.

외래어는 내국인을 위한 것이지 외국인을 위한 것이 아니다 | 브라질의 한 도시에서 지구 환경을 보호하기 위한 큰 행사가 있었던 적이 있다. 그 도시 이름은 그때까지만 해도 '리오데자네이로(Rio de Janeiro)' 라고 되어 있었다. 한때 그곳이 그 나라의 수도였기 때문에 우리는 지리 시간에 이 도시 이름을 배웠고 또 열심히 외우기도 했다. 그런데 몇몇 신문이 이를 '리우데자네이루' 라고 표기하기 시작했고, 이제는 대부분의 신문에서도 이를 따르고 있다.

'오' 가 갑자기 '우' 로 바뀐 이유는 현지 발음 때문이었다. 그런데 한 가지 문제가 있다. 외래어 표기를 기본적으로 규정하고 있는 '외래어 표기법(1988년 개정)' 에는 여전히 '오' 로 적도록 되어 있는 것이다. 외래어 표기법에는 모음 'o' 를 '오' 로 표기하도록 했다. 영어, 프랑스어, 이탈리아어, 에스파냐어, 독일어 등 외래어 표기법에 나온 모든 언어의 'o' 는 '오' 로 표기하도록 했다. 그렇다면 어떻게 해서 이 도시 이름을 '리우데자네이루' 로 표기하게 되었을까? 그 이유는 외래어 표기의 대원칙이 현지음을 기준으로 하게 되어 있기 때문이다. 브라질 사람들이 이 도시 이름을 '리우데자네이루'라고 하므로 우리도 이를 따랐다는 말이다.

이런 사정으로 인해서 외래어 표기법말고 현지음을 알아내어 각국의 고유명사를 표기하는 용례집을 교육부가 만들었는데 이것이 편수 자료에 있는 외래어 표기 용례이다. 여기에는 브라질에 있는 도시 'Rio Grande'는 '리우 그란데'이고, 미국과 멕시코 국경을 이루는 강 'Rio Grande'는 '리오 그란데'이다. 'Rio'라는 단어가 들어간 도시나 지역 이름이 멕시코, 아르헨티나, 우루과이, 브라질 등에 몇 개 있는데 유독 브라질에 있는 지명만 '리우'로 표기해야 한다. 이런 식의 외래어 현지 발음 지상 주의는 우리의 외래어 표기법을 매우 불안전한 규정으로 만들 수밖에 없고 따라서 우리는 현지 발음에 신경을 곤두세우며 말을 해야만 하는 것이다.

외래어 표기는 내국인을 위한 것이지 그 나라 현지인을 위한 것이 아님은 너무나 당연하다. 우리가 어떻게 쓰느냐 하는 것은 오로지 우리가 결정할 문제인 것이다. 현지 발음은 우리가 표기 원칙을 정하는 기준이 되고 또 판단 자료로서 중요한 것이지 그것 자체가 절대적인 것이 아님은 물론이다. 우리 나라를 '대한민국', '대한', 또는 '한국'으로 불러 주는 나라는 이 지구상에 하나도 없다. 가장 가깝게 불러 주는 일본인들의 발음이 고작 '칸고꾸'이고 베트남의 발음이 '따이한'인 것이다. 우리의 '서울'도 마찬가지이다. 중국 사람들에게 '서울'로 불러 달라고 항의하지만 그들은 여전히 '漢城(한성)'을 고집한다. 서울 올림픽 결정 소식을 알리는 사마란치 의장의 선언에서 '서울'을 '세울'로 발음했던 것을 우리는 아직 기억하고 있다. 그는 서울의 영문 표기인 'SEOUL'을 자기 식으로 발음했던 것이다. 이를 누가 막는단 말인가?

외래어 표기는 한 나라의 문화의 문제이지 다른 나라가 개입할 문제가 아니고 다른 나라의 눈치를 볼 문제도 아니며 현지 발음과 다르다고 해서 부끄러워할 일도 아니다. 그런데 우리는 왜 이렇게 호들갑일까? 한 나라의 표기법이 손바닥 뒤집듯이 쉽게 뒤집히는 이유는 어디 있는가? 이것은 아무래도 우리가 우리 자신에 대한 자신감이 없기 때문일 것이다. 우리의 문화, 우리의 삶 자체에 자신이 없기 때문에 우리가 쓰는 것을 거리낌없이 버리면서까지 현지의 것을 따르기 위해서 기를 쓰게 되는 것이 아닐까? 그래서 현지 발음과 일치시키지 않으면 현지인들에게 무식하게 보일 것이라는 불안을 떨치지 못하거나, 내국인들에게 현지 발음을 안다는 현학적인 태도를 보이고 싶기 때문일 것이다. 이런 의식을 문화 천민 주의라고 하며 우리가 그런 민족이 아닌지 반성해 볼 일이다.

왜 꼭 우리말인가 | 문화 주체성이나 문화적 자존심을 아무리 강조하더라도 높은 문화(문물을 포함)가 낮은 문화 쪽으로 흘러 들어가는 것은 피할 수 없으며 이를 또 구태여 힘겹게 막을 이유도 없다. 자기를 지키면서 값지고 좋은 선진 문화, 문물을 받아들여 자신을 알차게 가꾸는 것은 매우 바람직하고 유익한 일이기 때문이다.

따라서 필자는 외래어를 쓰는 것을 무조건 반대한다든지 억지로 외래어를 우리말로 바꾸자는 것은 아니다. 다만 국어 발전에 유익한 방향으로 몇 가지 원칙을 세워서 외래어 용어를 우리말로 바꾸는 작업을 하자는 것이다.

우선 국민이 폭넓게 사용하는 용어는 우리말로 바꾸는 것이 좋다. 예컨대 '라디오'라는 말이 폭넓게 쓰이고 있지만, '라디오'의 기능과 의미를 제대로 이해하지 못하고 다만 '라디오 방송을 듣도록 만들어진 기계'로서의 실물을 생각하는 것으로 끝난다. 다시 말하면 '라디오'가 가질 수 있는 언어적 의미는 거의 버려진다는 말이다. 따라서 그렇게 폭넓게 쓰이는 말이지만 이 말이 생산해 내는 2차 파생어가 거의 없다.

우리 사전에 올라 있는 말 가운데 우리가 만든 말로서는 '라디오 방송(放送)'과 '라디오별[星]' 정도가 이에서 만들어진 말이 아닌가 생각한다. 이에 비해서 '지게'라는 우리말은 수십 개의 파생어를 만들어 내었고 속담도 만들어 냈다. '라디오'보다 더

인기 있는 '텔레비전'도 파생어를 만들어 내는 데는 마찬가지 한계를 가진다.

이들 용어가 국어처럼 우리가 사용하기에 말랑말랑하게 되려면 아직 수십 년 아니 수백 년이 더 걸려야 할 것이다. 이런 점을 고려해서 '라디오'나 '텔레비전'을 우리말로 바꾸어 놓았다면 그 용어는 적어도 이들 외래어보다는 훨씬 왕성하게 조어력을 발휘하여 우리말을 발전시켜 놓았을 것이다.

'부팅(booting)'이라는 말을 검토해 보자. 이 말은 컴퓨터를 하는 사람들 사이에서만 쓰이고, 또 컴퓨터를 처음 켜서 작동하는 것을 가리키는 용어로만 한정되어서 쓰이는 말이다. 그러나 컴퓨터를 처음 기동(起動)하거나 프로그램을 컴퓨터 기억 장치에 올리는 것을 꼭 '부팅'이라는 용어로 특화시킬 일은 아니다. 미국인들도 '부팅'을 그런 용도로만 사용하는 것이 아님은 잘 알 것이다. 언어란 유기체이므로 여기저기서 끊임없이 사용되고 고쳐지고 뜻이 보태지는 것이다.

그런데 본토를 떠난 외래어는 이런 기능을 상실하게 된다. 우리는 그 용어를 한 기계나 한 기능에 맞춰서 수입하게 되기 때문이다. 그래서 외래어가 국어처럼 유기체로서의 기능을 하게 되려면 앞서 말한 대로 수십 년 아니 수백 년이 걸리게 되는 것이다. 그렇다면 우리가 '부팅'을 받아들이는 것보다 '띄우기' 또는 '올리기' 등으로 바꾸어 부르는 것이 경제적이라고 할 수 있다.

'띄우기'로 바꾼다면 우리말 '띄우다'에 이제까지 없던 '부팅'의 개념이 보태어지는 것이므로 우리말을 알차고 의미 깊게 만들어 주는 효과를 얻을 수 있고, 일반인들이 이를 쉽게 이해할 수 있게 되기 때문에 더더욱 좋은 일인 것이다.

　만일 컴퓨터가 '셈틀'로 바뀐다면 '셈'이라는 말과 '틀'이라는 말이 현대적으로 다시 분장을 하고 나타나는 효과를 얻게 될 것이다. 이제까지 '컴퓨팅'으로는 회계도 하고 기계도 제어하고 우주선도 발사하지만 '셈'으로는 오로지 어린이들이 산수 공부할 때 쓰는 '속셈' 수준으로 인식하던 사람들도 생각을 바꿔 '셈'을 통해서 엄청난 일을 하게 됨을 알게 될 것이기 때문이다. 중국인들이 텔레비전을 '電視'라는 한자어로 바꾸어 사용하는 깊은 뜻을 여기서 우리는 알 수 있을 것이다.

2. 일반인이 쓰는 말을 쓰면 전문가 체면이 깎이는가

삼개가 마포로, 애오개가 아현으로

새로운 문물을 받아들일 때 받아들이는 쪽에서는 문물과 함께 언어도 받아들일 것인가 아니면 언어는 자국어로 바꿀 것인가가 문제가 되어 왔다. 우리 민족은 옛날 중국으로부터 앞선 문물을 받아들일 때 문물과 함께 언어도 곧바로 받아들인 기록을 가지고 있다. 특히 당나라로부터 수많은 문물이 쏟아져 들어올 때 우리는 우리말이 한자로 표기하기 어렵다는 이유와(당시 우리말을 한자로 표기하는 이두나 향찰식 표기가 있었지만 이는 한자를 잘 아는 지식인들에게는 매우 거추장스러운 표기법이었다.), 중화 문화권에 확실하게 편입되는 것이 유리할 것이라는 눈앞의 계산 때문에 우리말을 아예 한자어로 바꾸는 과감한 언어 개혁까지를 서슴지 않았다. 신라 지식인들이 한 짓이었다.

그 결과 지금 우리는 우리 마을의 본래 이름과는 전혀 닿지도 않는 엉뚱한 이름을 한자어로 만들어 부르게 되었다. 서울에 있는 마포는 원래 삼개였는데, 삼을 가리키는 한자어 마(麻)와 개를 가리키는 포(浦)를 붙여 만들었고, 서대문구 아현동의 이름인 아현(阿峴)은 원래 '애오개'였는데('애오개'는 작은 고개라는 뜻임) 이것을 아현(兒峴)으로 쓰다가 요즘은 아현(阿峴)으로 쓰고 있다. 원래의 이름과 지금 쓰고 있는 한자 이름은 전혀 맞지 않지만 그냥 쓰고 있는 것이다.

지게차와 포크리프트 | 요즘 웬만한 공장의 창고에 가 보면 사람들이 지게를 지거나 등짐을 지고 물건을 나르는 것을 거의 찾아 볼 수 없다. 그런 일을 맡아서 잘 해 주는 기계가 개발되었기 때문이다. 이 기계는 낮은 곳에 널려 있는 상자를 차곡차곡 쌓기도 하고 쌓여 있는 상자를 다른 곳으로 옮기기도 하며 자유 자재로 물건을 이동시켜 준다. 그런데 이 기계는 자동차처럼 많은 물건을 빨리 운반하는 데는 별로 유용하지 않다. 이 기계가 우리 나라에서 선을 보인 것이 언제인지는 모르겠으나 우리는 이 기계를 '지게차'라고 부르게 되었다. 이 기계가 사람들이 지게로 실어 나르는 것을 대신해 주었기 때문일지도 모른다.

이 기계의 외래어 이름은 '포크리프트(forklift)'이다. 앞 부분에 포크처럼 손가락이 있고, 물건을 들어올리는 일을 한다고 보아 포크와 리프트를 합성해서 그렇게 부르는 모양이다. 어떤 작명이 더 그럴듯한지는 접어 두고, 우리 시대에 널리 쓰이던 '지게차'가 점점 '포크리프트'에 밀려나는 인상이다. 왜 그럴까? '애오개'가 '아현'으로 바뀐 뒤 사라지고 만 것과 '지게차'가 '포크리프트'에 밀려나는 것은 어떤 함수 관계에 있을까?

군졸과 정승집 개 | 임오군란이 일어났을 때의 이야기다. 몇 달째 월급을 받지 못 하다가 겨우 받은 월급(쌀이 월급이었

다.)에 돌이 반쯤 섞여 있음을 분히 여긴 군졸들이 그들의 월급을 관장하던 민겸호의 집에 들이닥쳤다. 그런데 그 집 마당에 있는 개들이 고기를 먹으며 그들을 보고 짖어댔다. 며칠씩 굶주린 군졸들과 고기를 먹고 있는 개. 그래서 그들은 더욱 분개했다.
'사람도 먹지 못하는 고기를 개에게 먹이다니.'

아프리카에서는 지금도 한 줌의 빵과 한 그릇의 국이 없어서 죽어 가는 사람들이 즐비하다. 그러나 미국이나 유럽, 일본 그리고 우리 나라에서도 개에게 먹이기 위해서 엄청난 돈을 쓰고 있다. 왜 이런 일이 벌어지는가? 그것은 정승과 군졸 사이에 특별한 의미가 없기 때문이다.

정승이 볼 때 군졸에게서는 별로 보배울 것이 없을 뿐 아니라 마땅히 데리고 즐길 만한 바도 없다. 반면에 개는 언제나 꼬리를 치며 그를 섬기고 먹다 남은 뼈다귀를 던져 주어도 즐거워하며 불평 없이 도둑을 지켜 준다. 마찬가지 이유로 미국이나 유럽 사람들이 개에게는 비싼 음식을 먹이지만 아프리카 난민들에게는 무관심한 것이다.

무릇 모든 사람은 자기에게 어떤 의미가 있는 것에 관심을 보이고 그것을 소중히 여긴다. 자기와 함께 사는 개는 자기에게 중요한 의미를 가진다. 그러나 자기와 거의 관계가 없는 아프리카 사람들은 자기에게 중요한 의미를 갖지 못한다. 그러니 자연스럽게 개에게는 고기를 주어도 아프리카 사람에게는 쌀 한 톨 주기 어려운 것이다.

　사람들은 자기보다 못하다고 생각하는 사람이 자기 흉내를 내거나 자기와 비슷한 행동을 하려 하면 몹시 싫어하거나 그를 몹시 경멸하게 된다. 5공 시절에 전두환 씨와 비슷하게 생긴 대머리 탤런트가 텔레비전에 나오지 못한 일이 있었고, 일제 시대에 일본말을 줄줄 하면서 일본의 앞잡이 노릇을 하던 한국인들을 일본 관리들이 겉으로 존중해 주는 척하면서 속으로는 몹시 업신여기며 경멸했던 일화가 수없이 많다.

　사정이 이러한데 우리가 미국인과 일본인 흉내만 내고 있으면 우리는 미국인이나 일본인에게 무의미한 존재가 될 뿐이다. 우리는 우리의 가치를 지니는 사람들로서 그들과 다른 존재여야 한다. 그래서 그들에게 특별한 의미를 줄 수 있는 존재여야 한다. 그 특별한 의미의 출발이 언어이다. 한국어를 사용하고 그들과 다른 생활을 하면서 그들과 교류하는 한국인이 그들에게 의미가 있고 존중받을 가치가 있는 것이다.

　사람은 본질적으로 자기스러워야 남에게 대접을 받는다. 남과 닮아지려고 하는 순간 그는 자기도 잃고 남의 업신여김을 받게 된다. 그렇게 해서라도 밥과 돈과 명예를 얻어야 된다고 생각하는 사람이라면 어쩔 수 없는 일이겠지만 말이다.

나를 흥분시킨 흔글 | 내가 처음으로 개인용 컴퓨터를 배우게 되었을 때 이야기이다. 당시엔 처음으로 애플 컴퓨터가 국내에 들어왔으며, 일본의 엔이시(NEC) 제품 등 몇몇 외국 컴퓨터가 조금 있을 때였다. 아직 한글이 컴퓨터에 구현되지 못해서 소프트웨어적으로 한글을 쓰는 노력이 진행되고 있었다. 1년이 지나자 국내에서도 개인용 컴퓨터가 생산되기 시작했다. 삼성의 에스피시, 금성의 패미콤, 대우의 엠에스엑스 등이 나오기 시작한 것이다. 이들 제품들은 원시적이기는 하지만 한글을 조금씩 구현해 나가고 있었다.

그때만 해도 우리는 한글을 개인용 컴퓨터에서 자유롭게 쓸 수 있게 되려면 10년 이상 걸린다고 보았다. 어떤 이는 미국 사람들이 먼저 한글 워드프로세서를 만들 것이라는 둥, 일본에서 더 멋진 한글 워드프로세서가 나올 예정이라는 둥 말도 많았다. 워드스타라는 영어 워드프로세서를 모방한 한글 워드프로세서가 폭넓게 퍼지고 있었으니 그렇게 생각하는 것이 당연하기도 했다.

그런데 우리의 겁 없는 대학생들이 기존의 워드프로세서 관념을 송두리째 바꾸는 새로운 작품을 내놓았다. 1991년으로 기억되는데, 그때 내가 접한 워드프로세서 '흔글'을 보면서 나는 두 가지 면에서 몹시 흥분했다.

하나는 이것을 개발한 학생들이 우리 한글의 문제 자체를 깊이 연구한 흔적이 보였던 점이고 다른 하나는 이들이 영어 용어보다는 국어 용어를 더 좋아하고 있었다는 점이다. 나는 그때 이렇게 결론을 지었다. 이들이 국어를 사랑하지 않았다면 '훈글'은 그렇게 만들어지지 못했을 것이며, 자기 문제를 가장 많이 걱정하고 가장 자기스럽게 접근하지 않았다면 이런 멋진 워드프로세서는 만들어 낼 수 없었을 것이다. 이런 점을 생각하기 때문에 나는 그 젊은이들의 성공에 환호하고 감격할 수 있었다.

이 젊은이들이 지금은 비록 '한글과컴퓨터'를 떠나 다른 일에 매진하고 있고 이들이 그 당시보다 훨씬 더 영어에 빠진 것처럼 보이지만 그것은 이 사회가 이런 젊은이들이 마음놓고 우리말과 우리글을 사랑할 수 있는 여건을 마련해 주지 못한 데도 책임이 있다고 보아 이들을 비난할 생각은 없다. 다만 이들에게 다시 그 순수한 열정으로 돌아올 수 있는 기회가 있기를 바랄 뿐이다.

일반인이 쓰는 말을 쓰면 전문가 체면이 깎이는가 | 우리나라의 전문가들은 너무 쉽게 배우고 너무 쉽게 지식을 풀어 먹으며 부와 명예를 축적해 오고 있는 것 같다. 미국에서 유학할 때 배운 것을 그대로 한국에서 써먹으면서도 전혀 고민을 하지 않는 것 같고, 일본에서 수십 년 전에 배운 경제학을 아직도 우리 사회에 그대로 옮겨 심으려고 하는 학자들이 많이 있다.

독일에 갔다 온 사람, 프랑스에 갔다 온 사람, 영국에 갔다 온 사람, 각기 자기가 공부했던 곳에서 보고 배운 것을 우리 나라에 옮겨 심는 것이 자기의 임무인 양 착각하는 사람들이 많은 것 같다. 그래서 '바그너'와 '와그너', '비타민'과 '바이타민', '리오데자네이로'와 '리우데자네이루'가 혼재하는 사회가 된 것이다. 유학 다녀온 전문가는 외래어 수입 창구요, 전도사인 셈이다.

전문가는 일반인이 쓰는 말을 쓰면 체면이 깎이는가? 어떤 전문가는 일반 용어를 학문 용어로 쓰는 것은 의미의 혼동을 가져오기 쉬우니 특별한 용어를 쓰는 것이 좋다고 한다. 그래서 주장하는 것이 미국이나 일본에서 만들어진 용어를 그대로 쓰자는 것이다. 그래서 덤프(dump)는 '덤프'이지 '퍼내기'가 아니라는 것이다. 하지만 영어 '덤프'가 별스런 전문 용어가 아니고 '한꺼번에 뭉텅이로 퍼내'는 것을 뜻하는 일상 용어일 뿐이다.

그들은 일상 용어를 컴퓨터 용어로 익숙하게 전용하고 있는데, 왜 우리 전문가들은 우리들의 일상적인 말을 전문 용어로 전용하는 데 그렇게 서투른가? 아마 머리가 굳어진 탓이겠고, 의식 구조가 획일적이기 때문일 것이다. 게다가 사고 방식이 문제 해결적이라기보다는 지식 권위적이기 때문일 것이다.

교수가 아니라 학생들이었다는 점 │ 앞에서 얘기한 '훈글' 워드프로세서가 대학에서 전산학을 강의하는 교수들에 의해서 만들어진 것이 아니고 학생들에 의해서 만들어졌다는 것은 다음과 같은 추론을 가능케 한다고 볼 수 있다. 즉, 문제 해결의 새로운 돌파구는 기성 지식인들에 의해서가 아니고 새로운 세대들에 의해서 이루어지며, 외국의 것을 모방하기 바쁜 사람들에 의해서가 아니고 자기 문제를 진지하게 해결하려고 하는 사람들에 의해서 이루어진다는 점이다.

그렇다면 이런 사람들은 과연 누구인가? 앞으로 우리의 문제, 그것이 학문의 영역이든 사회 경제의 문제이든 이 문제를 해결할 사람들은 우리의 미래인 젊은 세대, 새로운 세대, 자기 자신을 잃지 않고 자기 문제를 외면하지 않고, 끊임없이 새로운 문제에 도전하는 새로운 세대일 것이다. 어쩌면 올해 초등 학교에 갓 들어간 어린이일 수 있고, 이제 막 중학교에 들어간 청소년일 수도 있다.

이들에게 우리가 보여 줄 수 있는 것은 무엇인가? 그것은 적어도 외래 문화에 허우적대며 그것을 모방하느라 정신을 잃은 우리의 모습은 아니어야 한다고 생각한다. 필요에 따라서 외래 문화를 받아들이되 우리가 한국인임을 상기시킬 수 있는 떳떳한 모습을 보여 주어야 하지 않을까? 그래야 그들이 우리의 자존심과 우리 사회의 멋을 가꾸고 세계 사람들과 어깨를 겨루게 될 테

니까 말이다.

　우리는 '애오개'를 '아현(阿峴)'으로 바꾸고, '삼개'를 '마포(麻浦)'로 바꾸었으며, '옷'을 '의상(衣裳)'으로, '머리털'을 '모발(毛髮)'로 바꾼 민족이다. 부정적으로 생각하면 엄청나게 부정적으로 생각할 수 있으나 뒤집어 생각하면 그만큼 새로운 말을 즐겨 사용하는 민족이라는 뜻도 된다. 이제 우리 머릿속에서 거의 사라져 쓰이고 있지 않은 우리말도 어떤 의미에서는 새로운 말이 될 수 있다. 흔히 쓰이는 영어 외래어나 한자말보다는 훨씬 더 산뜻한 기분을 느끼게 하는 말이 수없이 많게 된 것이다. 그래서 앞으로 우리는 자연스럽게 우리말을 쓰는 세대를 맞게 될 것이다. 우리 함께 그날을 기대해 보자. 그리고 그날을 앞당기기 위해서 생각이 열린 사람들이 앞장서 보자.

3. '눈알' 보다는 '안구' 를 '입안' 보다는 '구강' 을 좋아하는 사람들

'눈알'보다는 안구를, '입안'보다는 '구강'을 좋아하는 사람들

우리 나라 사람들의 언어 습관 가운데 외국인들의 그것과 두드러지게 다른 특징 하나를 말한다면 토박이들이 쓰는 1차적인 말보다는 토박이들이 쉽게 접근할 수 없는 2차적인 말 쓰기를 좋아한다는 점이다. 예컨대 눈알보다는 안구(眼球)를 쓰고, 입안보다는 구강(口腔)을 쓰며, 빛깔보다는 색상(色相)을 좋아하고, 옷보다는 의상(衣裳)을 좋아한다. 돼지우리를 돈사(豚舍)라고 하고, 돼지치기를 양돈(養豚)이라고 하고, 달걀을 계란(鷄卵)이라고 해야 맛이 있다고 한다.

이렇게 2차 언어를 쓰는 사람들에게 "양돈이 무어죠?" 하고 물으면 "돼지치기죠." 한다. 같은 낱말로 풀 것이라면 왜 처음부터 1차 언어를 사용하지 않는지 이해할 수 없다. 우리 사회에는 이처럼 같은 사물이나 같은 뜻을 가리키는 언어가 수없이 많이 쓰이고 있다.

하나의 토박이말에 2차적인 말이 수십 가지 달라붙은 것들이 많이 있다. 예컨대 '아버지'를 가리키는 2차적인 말을 보면 부친, 엄친, 가친, 가부, 가군, 가엄, 가존, 가부장, 춘부장, 춘부 대인 등등 실제 글에서나 입으로 쓰고 있는 단어만 해도 20여 개에 이른다. 이 얼마나 언어적인 낭비인가! 1차 언어와 똑같은 2차 언어는 사용하지 않는 것이 언어 경제적으로 효율적이다. 2차 언어는 1차 언어로 표현할 수 없는 것을 표현하는 데 사용해야 한다. 그래야 2차 언어가 우리 문화에 긍정적인 작용을 하게 된다.

지금 우리말에는 1차 언어와 2차 언어(한자어) 외에 새롭게 3차 언어(영어 등의 외래어)가 함께 경쟁을 벌이고 있다. 똑같은 개념을 가진 세 가지 언어가 경쟁을 한다는 것은 그만큼 우리를 피곤하게 할 뿐이다. 1차 언어로 표현할 수 없는 것을 2차 언어로 표현하고, 2차 언어로 표현할 수 없는 것을 3차 언어로 표현하려 할 때에 우리는 외래어를 제대로 수용한 민족이 될 것이고 외래어는 우리 문화에서 적극적인 역할을 하게 될 것이다.

외국인에게 이름 묻고 혼쭐난 한국인

언제인지 서울에서 이런 일이 있었다. 포장마차에서 우연히 외국인과 옆자리에서 술을 마시게 된 한 청년이 한국말을 잘하는 이 외국인에게 호기심을 느껴서 그와 함께 술을 마시고 싶었던 것이다. 청년은 외국인에게 먼저 술을 권하면서 한국말로 자기를 소개하였다. 외국인은 술을 받으며 고맙다는 인사로 고개를 끄덕였지만 자기 소개는 하지 않았다. 청년은 웃으며 물었다.

"이름은 무엇이며 나이는 몇이십니까?"

그러자 갑자기 그 외국인은 얼굴이 벌개지면서 청년을 향해 고함을 치는 것이었다.

"뭐, 이름이 뭐고 나이가 몇이냐고?"

청년은 외국인의 너무 갑작스런 고함과 눈 부라림에 어안이 벙벙해져서 아무 소리도 못하고 멍하니 외국인을 바라보고 있었다. 그러자 더욱 화가 난 외국인은

"잘못했다고 하지 않고 왜 보고만 있어!"

하며 청년의 뺨을 내리갈기고 말았다. 청년은 순간 화가 나서 그 외국인의 멱살을 잡고 치고 박는 난투극을 벌이고 말았다. 주위 사람들이 뜯어말린 뒤 겨우 진정하여 다시 그 외국인에게 물었다.

"왜 나를 때린 거요?"

"당신이 내게 이름과 나이를 물었잖아요?"

"그게 어떻단 말이요?"

"당신네들은 처음 만난 사람이나 나이가 많은 사람에게는 이름 대신 성함이라 하고, 나이를 연세라고 하는데, 나에게 당신이 이름과 나이를 물은 건 나를 깔보는 것이 아니고 무엇이요?"

이 말을 들은 청년은 그만 기가 콱 막히고 말았다. 어떤 말로 변명해야 할지 도무지 말이 나오지 않았기 때문이었다. 우리가 즐겨 쓰는 2차 언어로 우리 자신이 외국인으로부터 변을 당하다니 그냥 웃고 넘겨도 될 일일까?

나이, 연령, 연기, 연세, 춘추의 차이점을 외국인에게 어떻게… | 우리가 영어나 중국어 일본어를 배우고자 하는 것과 마찬가지로 외국인도 우리말을 배우려 한다. 외국인에게 우리말을 잘 가르치고 그들이 우리말을 잘 배울 수 있게 해 주는 것이 우리말을 국제화하는 일의 핵심일 것이다.

그런데 현재의 우리말은 외국인에게 너무 어려운 말이 되어 있다. 낱말의 표준이 없고 표현의 표준이 없기 때문이다. 우리 인사말 가운데 겨우 표준으로 정착되어 가고 있는 것이 아마 '안녕' 정도일 것이다. '안녕하십니까?', '안녕하세요?', '안녕히 가십시오', '안녕히 주무십시오', '밤새 안녕하셨습니까?', '잘 가', '또 보자', '잘 있어', '밥 먹었니?', '진지 잡수셨습니까?', '식사하셨습니까?', '어디 가십니까?', '오셨습니까?', '처음 뵙겠습니다' 등등이 어지럽게 쓰이고 있는 가운데 '안녕'이 보편적인 뜻을 가지고 공통적으로 많이 쓰이게 되었다. 하지만 요즘 아이들처럼 아침에도 안녕, 저녁에도 안녕, 헤어지면서도 안녕, 그저 안녕으로 모두 통하고, 처음 만나서도 안녕, 또 만나도 안녕, 인사라면 그저 안녕만 쓴다면 그것도 문제가 아닐 수 없다. 한국어의 국제화 과정을 통해서 우리의 표준화 능력이 세계 사람들의 심판을 받게 되는 셈이다.

표현의 표준화 못지않게 복잡한 부분이 앞에서 이야기한 낱말의 2중 구조 문제이다. 나이와 연령, 연기, 연세, 춘추의 겹침, 이름과 성명, 성함, 함자, 방명 등의 겹침 같은 것들은 적어도 입말에서만이라도 표준화할 필요가 있는 것이다. 이름을 '함자'나 '성함'으로 써야 될 이유가 별로 없으며 나이를 '춘추'나 '연세' 같은 말로 써야 될 특별한 이유가 없지 않은가?

뜻이 추가된 말이 아니고 단순히 상하 관계를 의식하여 달리 쓰이는 정도이거나 한자 선호 감정으로 자주 쓰는 정도의 말이라면 그런 말들은 토박이말을 중심으로 표준화하여 쓰는 것이 우리말살이에서도 좋고 우리말을 국제화하는 데도 유리할 것이다.

이제 '안면'을 뜯어고치자, 예쁜 '얼굴'로

한자가 조어력이 탁월하다고 하여 이를 대단한 장점으로 칭찬하는 국어학자들이 있다. 그들은 한자의 그런 탁월한 조어력을 과용한 사람들 때문에 우리말이 도태되어 왔다는 사실은 안타깝게도 전혀 모르거나 무관심한 것 같다. 이제 우리는 우리말을 잘 활용하는 한 방법으로 무질서하게 그리고 자의적으로 만들어 쓰고 있는 한자어를 우리말과 조화되도록 표준화해서 쓰는 슬기를 발휘해야 할 것이다. 예를 들어 보자.

국어 사전에는 안면이라는 말이 네 가지로 나와 있다. 첫째는 안쪽 면을 뜻하는 안면(―面)이고, 둘째는 편안히 자는 일을 뜻하는 안면(安眠)이며, 셋째는 늦잠을 뜻하는 안면(晏眠)이고, 넷

째는 얼굴을 뜻하는 안면(顔面)이 그것이다. 이것들을 모조리 한글로 안면이라고 하니 의미 변별이 어렵고 그래서 한자로 적어야 한다는 주장까지 나오게 되는 것이다.

우리가 마음만 먹는다면 이를 매우 간단하게 해결할 수 있다. 안면이라고 하면 첫째 뜻인 안쪽의 면을 뜻하는 말로만 쓰고, 다른 안면은 그 뜻에 상응하는 우리 토박이말로 바꿔 사용하면 되는 것이다. 안면(安眠)은 '발편잠'으로, 안면(晏眠)은 '늦잠'으로, 안면(顔面)은 '얼굴'로 사용하는 것이다. 다시 말하면 '발편잠', '늦잠', '얼굴'의 뜻으로는 안면이라는 낱말을 쓰지 않도록 하는 것이다.

이렇게 되면 어떤 광고에 '안면을 보라!'고 했을 때 이것은 물건의 안쪽 면을 보라는 뜻으로 쉽게 받아들일 수 있게 된다. 이런 표준화는 우리말을 좀더 높은 차원으로 발전시키는 중요한 바탕이 될 것이다.

3연패, 내리 졌다는 건지 내리 이겼다는 건지 | 운동 경기 결과를 이야기할 때 흔히 보이는 용어로 패자, 3연패 등의 말이 있다. 여기서 쓰인 패자가 패자(敗者)인지 패자(覇者)인지 분간이 되지 않는다.

'한국 권투, 3연패' 하면 한국 권투가 세 번 내리 졌다는 말인지 세 번 내리 왕관을 썼다는 말인지 알 수 없다. 이런 경우 우리는 지고 이김을 뜻하는 때에는 승자, 패자로 쓰고 그 경기에서 최후의 승리를 얻었음을 나타내는 말 즉, 패권을 획득한 경우에는 패자라는 말을 쓰지 않고 '패권자' 라고 하거나 '제패자' 라고 하여서 구분해 주는 것이 좋을 것이다. 이렇게 하면 '3연패' 는 세 번 내리 진 것을 뜻하고, '3연속 제패' 하면 세 번 내리 우두머리가 된 것을 뜻하는 말이 된다. 마찬가지로 '패자' 는 진 사람의 뜻으로만 쓰고, 최후의 승자를 뜻하는 말로는 '제패자' 를 쓰면 이 두 용어로 나타나는 혼란을 막을 수 있다. 이것은 우리가 언어의 혼돈을 막기 위해서 '제패자' 를 '패자' 로 줄여 쓰지 않으면 되는 것이다.

이 정도는 되어야 지식인이 봄직한 글인가

우리 젊은이들과 지식인들은 어떤 글을 쓰고 또 읽고 있을까? 이를 알아보기 위하여 젊은이들이 읽고 배울 만한 몇몇 책과 논문에서 글 몇을 인용해 보자. 먼저 어느 교수가 쓴 법철학 책에 나온 구절 하나를 인용해 보기로 한다.

St. Thomas Aquinas (Sanctus Thomas de Acquino)는 1225年初 Napoli에서 가까운 Roccasecca 城에서 Aquinas 백작의 아들로

태어났다. Aquinas 백작은 敎會政治에 반대하는 Gibeline 派 귀족이었다. St. Thomas는 5세부터 그 당시 風習에 따라 Monte Cassino에 있는 St. Benedictus 수도원에서 교육을 받는다. 1244년 집안의 강력한 반대에도 불구하고 St. Dominicus 수도원에 들어간다. (줄임) 그의 一生은 鬪爭의 일생이었고 학문과 여행의 일생이었다.(유병화―법철학)

이 정도면 우리 나라 지식인들이 봄직한 책이겠는가? 이 정도는 되어야 지식인들에게 읽힐 수 있는 품위 있는 책이 되겠는가? 아니면 알파벳과 한자 그리고 한글이 잘 어울리는 글이라고 해야 할까? 한자는 우리가 배워서 알아야 한다고 치고 알파벳은 어떻게 읽으라는 것일까? 영어식으로 읽어야 하나 이태리식으로 읽어야 하나 프랑스식으로 읽어야 하나? 무책임하기 짝이 없는 학자라고 하지 않을 수 없다. 더욱이 세 개의 글자를 동원하여 자유자재로 쓴 이 글에서 불행하게도 저자는 영어에서 열심히 배웠을 시제 하나 제대로 맞추지 못해서 앞 부분에서는 과거형으로 기술하다가 뒷부분에서는 현재형으로 바꾸고 있다. 우리 지식인의 국어에 대한 자화상이 이런 모습일까?

이런 정치학 책 | 정치학 교수가 쓴 《정치사상사》 책을 보면 이런 대목이 나온다.

政治哲學史에 있어 322年 아리스토텔레스의 逝去는 그보다도 1年 앞서 死亡한 그의 偉大한 弟子의 生涯가 유럽 文明에 새로운 時代의 도래를 告하는 것과 더불어, 一時代의 終焉을 告하는 것이다. 都市國家의 失敗는 政治思想史를 횡단하는 뚜렷한 線과 같이 그려진 것이며, 이 時代부터 政治思想史는 오늘날까지 파괴되지 않고 그대로 계속되고 있는 것이다. A. J. 카알라일 敎授가 말한 바와 같이, 政治哲學의 계속이 중단된 時期가 있었다면 이것은 바로 아리스토텔레스의 逝去일 것이다.(민병태—정치사상사)

한자로 쓸 수 있는 모든 낱말은 한자로 쓰면서 현학적인 모습을 보였지만 아무리 보아도 이 글의 주제가 무엇인지 분간할 수 없다. 무슨 이야기를 하고 있는 것인지 도대체 알아차릴 수 없다. 아마 아리스토텔레스의 죽음이 갖는 의미를 강조하기 위해서 이렇게 쓴 모양인데 참으로 요령을 얻지 못한 글이 되어 버렸다. 더욱이 첫째 문장의 대비법은 어설프기 짝이 없다. 외국어를 직역하는 과정에서 나온 오역일 수도 있지만 이런 경우일수록 학자의 넓은 식견으로 독자의 이해를 도울 수 있는 적절한 말을 찾아야 할 것이다.

또 '정치 철학의 계속이 중단된 시기' 란 무슨 말일까? 물론 의미는 통하는 말이지만, 참으로 부자연스러운 표현이 되고 말았다. 이와 같은 학술서나 교과서만큼은 더욱 쉬우면서도 기본적인 문법에 충실한 모습을 지녀야 하지 않을까.

쉽게 쓸 수 있는 낱말을 어렵게 만드는 것도 전문가의 몫 | 한 국어 교수의 글을 읽어 보자.

單語構造 속의 單語나 形態素는 意味構成要素이며 結合되는 意味構成要素는 서로 分離될 수 없는 하나의 構造體이다.
예컨대 合成語 '밤나무'는 單一語 '밤'과 '나무'가 結合하여 이루어진 것이다. '밤' '나무'는 각각 意味構成要素를 語彙內部 속에 지니고 있다. '밤나무'의 意味成分은 각각의 單一語 '밤'과 '나무'의 意味成分이 總體的으로 結合된 것이 아니다. 前述하였듯이 意味構成要素 '밤'과 '나무'의 意味成分은 單一語 '밤'과 '나무'의 意味成分과 다르다. 單一語 '밤'과 '나무'는 獨立된 意味成分을 지닌 것이며, 意味成分要素 '밤' '나무'는 單語構造體 속의 部分的 意味成分을 지닌 것이다. 따라서 合成語 '밤나무'의 意味는 意味構成要素 '밤'과 '나무'의 部分的 意味成分이 結合된 것으로 把握되어야 한다. 이렇게 意味構成要素 '밤'과 '나무'의 意味成分은 單一語 '밤'과 '나무'의 意味成分에서 選擇的으로 얻어진 部分的 意味成分이다. '밤나무'의 意味가 '밤이 열리는 나무'로서의 實際對象을 表現한 것이라면 이미 '밤'과 '나무'의 意味的 關係에서 이루어진 것이 아니라 '밤'과 '나무'의 意味成分의 結合에서 얻어진 것이다.(崔尙鎭―單語意味形成의 有機體的 構造論에 대하여)

위 글은 한자를 써야 한다고 주장하는 한 학술지에 실린 글의 일부를 옮겨 실은 것이다. 국어학자가 국어에 관한 논문을 쓰면서 한자어를 잔뜩 그것도 한자를 드러내어 사용하는 것이 타당한 일인지는 별론으로 하고, 그렇게 어려운 한자어를 많이 그리고 자주 사용하면서도 정작 그가 이야기하고자 하는 바는 제대로 전달하지 못하고 있다. 이 글의 주제는 '합성어는 그것을 구성하는 의미 구성 요소로 분리할 수 없는 독립한 구조체'라는 것이다. 예컨대, '밤나무'는 '밤'과 '나무'의 단순한 결합이 아니라 단일어 '밤'과 '나무'에 속한 의미 성분의 일부가 서로 결합하여 새로운 의미를 나타내게 된 것이므로 '밤나무'를 '밤'과 '나무'로 분리할 수 없다는 말이다.

학문을 하려면 정확한 개념과 그 개념을 표현할 가장 적당한 용어가 필요하다. 따라서 아무래도 학문을 위한 한문어가 생기게 마련이다. 하지만 위에서 사용한 여러 한자어는 학문어로서 필수적인 용어는 별로 보이지 않는다. '構造體', '形態素', '合成語', '單一語' 정도가 학문적인 용어로서 쓰였다고 할 수 있을 것이다. 이 가운데서 '형태소', '합성어', '단일어'는 보편적으로 쓰이는 용어이므로 구태여 한자로 쓰지 않아도 될 것들이다. 그밖에 쓰인 수많은 한자어도 별로 유용하게 사용된 것 같지 않다. '單語構造', '意味構成要素', '意味成分'들은 '단어 구조', '의미를 구성하는 요소' 또는 '의미 요소', '의미 성분'처럼 쓰게 되면 일상어로 환원될 수 있다. 따라서 이 글은 매우 평이한 글로 얼마든지 바꾸어 쓸 수 있는 글이다. 용어도 아닌 것을 용어인 것처럼 어려운 한자어를 쓰고 자기도 이해하지 못할 기묘한 문장을 써서 애써 글을 어렵게 하려는 태도를 학자들은 하루 빨리 거두어야 할 것이다.

역사 책 읽으려면 중국어와 일본어는 기본?

어떻든 이러한 巨物이 露 淸 日 三國 官民의 歡迎을 받아가며, 森嚴한 警戒 아래 汽車에서 내리어 出迎한 [코콜쩨프]와 握手하려던 瞬間 몇 겹의 隊列을 뚫고 그에게 接近한 韓國靑年 安重根의 拳銃狙擊에 連三發을 命中當하여 卽死하고 말았다. 뿐만 아니라 伊藤의 側近에 서 있던 川上 哈爾賓總領事와 森 宮內大臣 秘書官이며, 田中 滿鐵理事 등의 三名도 各其 一彈씩 받아 重傷當하게 되었으니, 安義士의 무서운 氣魄과 神通한 射擊術은 그 當時의 世界를 놀라게 하기에 充分하였다.(진단학회―한국사)

여기에서는 위 글이 필요 이상으로 많은 한자를 사용하고 있다는 이야기는 하지 않겠다. 다만 '哈爾賓(합이빈)'을 어떻게 읽으라는 말인지, 그리고 伊藤(이등), 川上(천상), 森(삼), 田中(전중) 등의 한자는 어떻게 읽어야 하는지 묻고 싶은 것이다.

중국말을 알고 일본말을 아는 사람들은 분명 이 이름들을 해당 나라 말로 읽을 것이고, 그것을 모르는 사람은 당연히 우리식 한자어로 읽을 것이다. 그래도 되는 일일까? 읽는 사람이 알아서 읽으라고 하는 식의 이런 표기가 한 나라의 학술 서적 노릇을 할 수 있겠는가? 만일 한자로 적어 놓고 현지 발음으로 읽으라면 우리 식의 한자음을 버리는 것이 되므로 주체성 없는 짓이 될 것이고, 우리 식으로 읽게 되면 엉뚱한 이름으로 둔갑할 것이다. 참으로 안타까운 일이 아닐 수 없다.

이것들을 그냥 '하얼빈', '이토', '가와카미', '모리', '다나카' 처럼 한글로 쓰면 간단히 해결될 문제가 아닌가? 지금도 우리 신문을 보면 '東京'이라고 쓰고 이것을 '도쿄'로 읽거나, '大竹'으로 적고 '오다케'라고 읽는 것을 본다. 일본식 한자를 좀 아는 축의 사람들 이야기다.

외국의 땅이나 사람 이름은 우리 음운에 맞는 범위 안에서 그들의 소리에 가깝게 한글로 적으면 최선인 법인데 꼭 그들이 한자로 적으니 우리도 한자로 적어야 하고 그들이 영어로 적으니 우리도 영어로 적어야 직성이 풀리는 모양이다. 아무리 봐도 안타까운 비문화적인 발상이다. 그들의 글자를 써야 할 필요가 있다면 우리 한글과 함께 써 주는 것이 독자나 국민에 대한 예의일 것이다.

불이 아주 밝게 불밝혀져? | 미당 서정주 시인의 시는 우리의 가장 깊은 곳에서 죽은 것처럼 숨어 있는 감정을 살랑살랑 일깨워주는 맛이 있어 좋다. 격렬하지 않게, 조용히, 은근히, 넌지시 일깨워 주는 그의 언어, 그는 마치 언어의 마술사인 것 같다. 그런데 그의 산문을 보면 그의 시인으로서의 언어 감각이 갑자기 사라져 버리고 마는 느낌을 지울 수 없다. 왜 그럴까?

예 들어 말한다면 이런 식으로 생긴 것이 동양인의 마음이다. 이것은 아주 다정하다. 그러나 그것은 정만으로 된 게 아니라 지혜의 불이 아주 밝게 불밝혀져 있는 정이다.(서정주—미당 산문)

위 글은 동양인의 마음이 다만 정으로 이루어진 것이 아니고, 지혜가 가미된 정으로 이루어져 있음을 설명하는 대목인데, 문제가 있다고 지적해야 할 부분은 "지혜의 불이 아주 밝게 불밝혀져 있는"의 대목이다. 아마 '지혜의 불이 밝혀져 있는'을 강조하고 싶어서 그렇게 쓴 것 같은데, 이는 미당답지 않은 표현이다.
어두움을 가시기 위해서 우리는 불을 켠다. 그러면 어두움이 물러나고 밝아진다. 하지만 그 밝음이 필요한 만큼에 이르지 못하면 아직 어둡다. 그래서 더 밝게 하기 위해서 불 심지를 돋우거나 불을 하나 더 켠다. 그러면 불이 밝혀진 상태가 된다. 다시 말하면 '불을 밝히다'라는 것은 켜져 있는 불을 더욱 밝게 한다는 말이기 때문에 이미 그 자체에 '밝게'라는 의미를 포함하고 있다. 그런데 미당은 그런 의미를 무시하고 '밝게'라는 꾸밈말을 하나 더 붙여서 강조하고 있다.

거기다가 이 '밝게' 만으로는 부족하다고 여겼든지 '아주'를 덧붙여 놓았다. '밝게'를 붙일 바에야 확실하게 '아주' 까지 써 놓는 것이 성에 찬 노릇이었을 법도 하다. 그런데 미당은 여기서도 만족하지 못하고 한 걸음 더 나아가, '아주 밝게 불밝혀져'라고 표현하고 있다. '불밝혀지다'는 말은 '불이 밝혀지다'는 말과 똑같은 말이다. 그러니 미당은 '지혜의 불이 아주 밝게 불이 밝혀져 있는'이라는 이상한 문구를 쓴 셈이 되었다.

언어를 극도로 절제하는 것이 매우 중요한 능력으로 인정되고 있는 시인 사회에서 시선(詩仙)으로 기림을 받을 만한 시인의 글이 이렇게 되는 이유는 어디에 있을까? 이것은 단언하건대 시인의 국어 공부가 기초부터 제대로 되어 있지 못한 때문임이 확실하다. 우리는 국어를 어떻게 가르치고 배워야 하는지 모르고 가르치고 배우는 일을 계속해 왔다. 하지만 지금 같은 국어 공부가 계속되면 이런 문장은 더욱 기승을 부릴 것이다.

4. 늘 쓰는 말인데도 정확한 뜻을 모른다

웬 새삼스런 이야기? | 우리말을 배우자! '초등 학생도 아니고 다 큰 사람들에게 우리말을 배우자니? 우리말이 어디 영어나 중국어라도 된다는 말인가? 우리말이야 이미 태어나면서부터 배워서 잘 쓰고 있는데.' 많은 사람들이 이렇게 반문하고 시답지 않게 귀 밖으로 흘려 보내 버릴 이 외침을 나는 다시 한 번 외치면서 시작하려 한다.

"우리말을 배우자! 정말로 우리말을 잘 배우자! 외국어는 한 번 배우면 되나 우리말은 계속 배워야 한다. 우리는 우리말로 무언가 창조해야 하기 때문이다."

조선 시대에 학문을 했던 많은 선비들은 그들의 생각을 한문으로 정리하여 후세에 남겨 놓았다. 그 책들을 읽기 위해서 우리는 열심히 한문 공부를 하여 그 글들을 번역해 보고 있다. 그러나 불행하게도 이런 방식으로는 그들의 생각에 가까이 갈 수 없고 다만 막연하게 추측할 수 있을 뿐이다. 그 까닭은 이렇다. 선비가 어떤 생각을 한다. 그 생각은 자연히 우리말 식으로 하게 된다. 다음에 글을 쓰기 위해서는 우리말 식으로 이루어진 생각을 정리하여 한문으로 번역한다. 이때 그의 한문 실력 정도에 따라서 선택하는 한자가 달라진다. 하나의 한자가 여러 뜻을 가지는 것도 중요한 변수가 된다. 그렇게 해서 쓴 글을 읽을 때면 읽는 사람들은 이것을 다시 우리말로 번역하면서 읽게 된다. 이때도 읽는 사람의 지식 정도에 따라서 글의 깊이를 이해하는 정도가 달라진다.

'우리말 식 생각—번역—한문—번역—우리말 식 이해' 이런 식으로 번역을 하는 동안에 처음 사람의 생각이 읽는 사람에게 제대로 전달될 수 있을까? 이에 비해서 '우리말 식 생각—우리말—우리말 식 이해'의 단순한 과정을 밟게 된다면 얼마나 명쾌하게 의사가 전달되겠는가? 이러니 우리는 평생 우리말을 열심히 배워야만 한다. 우리 사회에서 많은 사람들에게 더 많은 영향력을 행사하고자 하는 사람일수록 우리말을 더욱 열심히 배워야 하는 것이다.

늘 쓰는 말인데도 정확한 뜻을 모른다

자기가 사용하고 있는 말의 정확한 개념을 알지 못하면서 남들이 쓰니까 또는 그렇게 적혀 있으니까 쓴다는 식으로 아무렇게나 쓰는 버릇을 버려야 한다. 딸아이가 '샴푸'를 하나 사 오면서

"이 샴푸는 천연 원료로 만들어서 모발이 상하지 않는대요."

하는 것이었다.

그래서 아이에게 '모발'이 뭐냐고 물었다. 아이는 잠깐 멈칫하더니

"모발이 머리털 아니에요?"

하는 것이었다.

"그래 머리털이지. 그런데 왜 모발이라고 하니?"

했더니,

"그렇게 선전하니까요."

하였다.

'모발(毛髮)'은 머리털과 같은 의미로 사용되는 말이지만 정확하게 머리털과 일치하지는 않는다. '모발'은 '털'을 뜻하는 '모' 자와 '머리털'을 뜻하는 '발'의 한자 합성어이다. 따라서 정확한 뜻은 우리 몸에 난 모든 털을 가리킨다. 만일 '모발'이 머리털만 가리킨다면 '두발(頭髮)'과 차별성을 갖지 못하며 그렇게 되면 같은 머리털을 샴푸 파는 사람들은 모발이라고 하고, 중·고등 학교에서는 두발이라고 하게 되는 셈이다.

우리말에는 우리 몸의 털을 그 부위에 따라서 달리 이름 붙여 두고 있다. '머리털'은 머리에 난 털을 말하고, '나룻'은 얼굴에 난 털을 말하며, '거웃'은 생식기 주변에 난 털을 가리킨다. 따라서 쓰는 범위에 따라서 적절하게 골라 쓰면 그 용도가 확실해지는 것이다. 샴푸를 써서 감을 털이 '머리털'이니 '모발'이라고 하는 것보다는 그냥 우리말로 '머리털'이라고 하거나 한자어를 쓰려면 '두발'이라고 하는 것이 더 정확하고 오해를 일으킬 소지가 적다. 그러나 샴푸 파는 사람들은 한번 사용하기 시작한 '모발'을 결코 버리지 않을 것이다. 이들은 엉뚱한 선입견을 가지고 단어를 보기 때문이다. 우리는 단어를 그 개념에 충실하게 사용하려 하지 않고 거기에 어떤 감성적인 느낌을 부여하려 한다.

일본인들의 말글살이에서 본받을 만한 점 | 일본 사람들

의 말살이 가운데에서 우리가 본받을 만한 점이 있다. 그들은 '그들의 말'과 '말법'을 그대로 살리면서 한자를 빌려서 표기한다는 점이다. 다시 말하면 한자를 쓰되 한자를 그들의 말을 쓰기 위한 연장 또는 일본말의 머슴으로 부리고 있다는 점이다.

우리가 백화점이나 가게에서 흔히 쓰는 '매상고(賣上高)'라는 말은 일본인들이 만들어 놓은 한자어이다. 하지만 그들은 이것을 한자음대로 읽지 않는다. 그들의 말 '우리아게다카'(이 말을 직역하면 '팔아 올린 높이'를 뜻함)를 한자로 표기한 것에 지나지 않기 때문에 글자는 '賣上高'로 적지만 읽거나 말할 때는 그들의 말인 '우리아게다카'를 쓰고 있다. 그런데 우리는 이 말을 한자어대로 직수입하여 곧바로 한자음으로 읽어서 '매상고'라고 사용하고 있다. '賣上高'가 어떻게 '팔아 벌어들인 금액'의 뜻을 갖겠는가? 우리 한자 상식으로는 해석하기 어려운 어휘가 아닐 수 없다.

우리들이 여행할 때 자주 쓰거나 대하게 되는 '행선지(行先地)'라는 말도 일본인들이 그들의 말인 '유키사키'(이 말은 '가는 곳'을 뜻함)를 한자를 빌려 표기한 것이다. 이 '行先地'를 우리는 한자어 그대로 수입하여 우리 식 한자음으로 쓰고 있는 것이다. 우리가 배운 한자 실력으로 '行先地'에서 '자기가 가고자 하는 목적지'를 생각해 낼 수 있겠는가?

일본인들이 그들의 말을 그들의 글로 적지 못하고 한자를 쓰게 되는 가장 큰 이유는 그들의 음운 구조가 너무 조잡하고 글자가 너무 단순하여 변별력이 매우 낮기 때문이다. 이에 반해 세계에서 가장 풍부한 음운을 가지고 있고 또 이를 얼마든지 표기할 수 있는 글자를 가진 우리가 말과 글을 매우 비효율적으로 활용하고 있는 것은 참으로 안타까운 일이다. 빨리 한자의 굴레에서 벗어나 효과적인 말살이를 시작하여야 할 것이다.

1학년처럼 낱말 공부부터 다시 시작하라

지금까지 이야기한 것을 통해서 우리가 우리말을 잘 사용하려면 아무래도 우리말을 잘 알아야 하겠다는 생각이 들 것이다. 국어 낱말 실력이 없으면 당연히 손쉬운 방법으로 한자 몇 개를 조합하여 새로운 말을 만들어 내게 되거나 일본인들이 제 나라 말에 맞추어 만들어 낸 한자어를 직수입하여 사용하게 되는 신세를 면할 길이 없다.

따라서 우리말의 낱말과 숙어, 속담, 고사성어 들을 좀더 폭넓게 공부해야 한다. 이는 학생들에게 필요한 것이 아니고 이미 지식인이라고 대접을 받고 있는 사람들에게 더 시급히 필요한 일이다. 그들이 우리말 실력이 부족하기 때문에 미국식 영어를 직역하여 퍼뜨리거나, 일본식 한자어라도 마구잡이로 받아들이게 되는 것이다. 아무래도 우리는 먼저 우리말을 배우는 노력을 한층 강화해야 될 것 같다.

  우리말을 배우는 것이 영어를 배우는 것보다 더 어려운 것이 현실이다. 왜냐하면 영어를 가르치는 것은 이미 체계적으로 준비되어 있기 때문에 언제 어디서나 쉽게 배울 수 있지만 우리말을 배우는 것은 돈을 주고 배우려 해도 배울 수 없게 되어 있다. 가르칠 것도 준비되어 있지 않고 가르칠 사람도 준비되어 있지 않기 때문이다. 학교에서 받는 국어 교육만으로 국어 공부는 다 끝난 것처럼 생각할지 모르겠지만 제 나라의 말일수록 더욱 체계적으로 배워야 하고 끊임없이 더 배워 나가야 한다. 학교 국어 교육이 개혁되어야 하는 것은 물론이지만 우리 스스로도 국어 공부를 게을리 하지 말아야 한다.

영어 사전만 보지 말고 국어 사전도 봐라 | 그러면 우리의 부족한 낱말 실력을 어떻게 보완해야 할까? 평소에 책을 읽는 것도 중요하고 글을 쓸 때 우리말을 애용하려는 노력도 중요하지만 그보다 먼저 해야 할 노력은 국어 사전을 잘 활용하는 것이

다. 국어 사전에는 우리말 낱말이 아주 많이 올라 있다.

물론 대부분의 국어 사전이 우리말보다는 한자말이나 외래어를 풀이하는 데 더 정성을 쏟고 있는 것이 사실이다. 하지만 그런 사전에도 우리말이 많이 올라 있고 또 어떤 사전에는 그 용례도 꽤 실려 있다. 따라서 그런 사전을 사서 이용하는 것이 좋다. 특히 우리말(토박이말)을 중요하게 여기는 국어 학자들이 만든 사전을 참고하는 것이 더 도움이 될 것이다.

일반 국어 사전 말고도 특별히 우리말을 활용하기 쉽도록 만들어 놓은 사전이 있다. 예컨대 낱말을 쓰임새별로 나누어 수록한 '분류 사전'이라든지, 낱말의 뜻빛깔을 구별해 놓은 사전이라든지, 비슷한말이나 반대말을 수록한 사전이라든지, 여러 종류의 다양한 사전을 이용해서 우리말 실력을 쌓아 나가야 한다. 먼저 우리말에 대한 실력을 확실하게 다진 뒤에 학문을 하고 예술을 하고 과학을 하고 경제를 하는 것이 순서인 것이다.

국어 사전이 영어 사전이나 일본어 사전보다 우리에겐 더욱 소중하다는 사실을 잊지 말고 조금이라도 분명하지 않은 낱말은 곧바로 사전을 찾아 개념을 확인한 뒤에 사용해야 한다. 사전의 낱말 가운데 모르는 낱말은 마치 영어 단어 외듯이 외는 노력을 하고, 이런 낱말들을 자연스럽게 사용하는 노력을 해 볼 것을 바란다. 우리의 올바른 말글살이는 여기서부터 시작될 것이다.

5. 사라질까봐 걱정되는 우리말

쌀나무와 벼 | 지난 70년대 우리가 '잘 살아 보세' 하면서 너도나도 시골 생활을 내던지고 서울로 서울로 모여들던 시기에, 서울에서 나서 자란 아이들이 '쌀나무'가 어떻게 생겼는지 물었다는 이야기가 널리 입방아에 올랐던 일이 있다. 그때 나처럼 시골 태생인 사람들은 '농사를 제일로 여기는 나라에서 아무리 서울에서 자랐다고 하더라도 그래 벼 한 포기도 보지 못했단 말인가. 학교에서는 어떻게 가르쳤고 부모들은 자식 교육을 어떻게 시켰기에 그런 일이 일어나는가?'라고 분개하면서 입맛을 다신 일이 있었다.

그때만 해도 농번기 때는 어김없이 학교는 며칠씩 방학을 했고, 모든 사람들이 모내기며 벼 베기 일을 도와주느라고 온 나라가 바삐 움직이던 시기였다. 그 뒤 서른 해가 지난 지금, 그때 그 아이들이 어엿한 성년들이 되었을 것이니 그들이 혹시 지금껏 쌀이 열리는 나무 구경을 하지 못하고 있는지 새삼스럽게 불안한 마음이 든다.

우리는 이제까지 한쪽에서는 권력을 틀어쥐고 이를 휘두르려는 권력 집단에 대항해서 민주화 투쟁을 하느라고, 또 한쪽에서는 먹고사는 문제를 해결하기 위한 산업 전선에서 뛰느라고, 그리고 또 한쪽에서는 출세와 돈과 명예를 추구하는 불나방이 신세로서 서른 해 이상을 눈을 그 한쪽에 고정시키고 뛰어 왔다. 그러다 보니 정치, 돈, 명예, 권력, 이런 것과 관계없는 것들에 대해서는 거의 그 존재 가치를 무시하며 살아온 터이다. 결국 우리는 언젠가 좀 편안하게 먹고살 만한 때가 오면 아쉬워하고 안타까워하고 되찾으려고 노력할 가치 있는 것들을 하나하나 잃어버리면서 살아온 것이다.

우리들이 잃어버리고 있는 많은 것 가운데 가장 본질적인 것이라고 할 수 있는 것이 아마 '우리말'이라고 할 수 있지 않을까 생각한다.

육젓은 여섯 가지 고기로 담근 젓?

어떤 텔레비전 프로그램에서 주부들을 상대로 수수께끼(방송에서는 이것을 퀴즈라고 했다.)를 내는 것을 보았다. 문제는 젓갈 가운데 '육젓'이라는 것이 있는데 이 젓을 왜 육젓이라고 하느냐는 것이었다. 사회자는 주부들이 문제를 쉽게 풀 수 있도록 배려할 생각에서였는지 보기를 셋 들어 주었다.

첫째 보기는 여섯 가지 고기로 담갔기 때문에 육젓이라고 한다는 것이고, 둘째 보기는 소고기 국물을 넣어 담갔기 때문에 육젓이라고 한다는 것이고, 셋째 보기는 유월에 잡은 새우로 담근 것이기 때문에 그렇게 부른다는 것이었다.

독자들은 이미 잘 알고 있겠지만 셋째 보기의 설명이 정답이다. 웬만한 사람들은 다 알 만한 문제이고 더욱이 주부들이라면

모를 리 없는 그런 문제였지만 놀랍게도 첫째 보기를 답으로 생
각한 주부들이 있었다. 그들의 생각은 육젓이니 여섯 육(六)일
것이고 그러니 여섯 가지 고기로 담근 젓일 것이라는 예상이었
다. 어떤 사람은 고기 육(肉)을 염두에 두고 소고기 끓인 물을 넣
어 담근 것이라는 데 동감을 표시하기도 했다. 얄팍한 한자 상식
을 원용해서 낱말의 뜻을 알아맞히려다가 무안을 당하게 된 것
이다. 평소에 육젓에 대해서 조금만 관심 있게 듣고 말했다면 그
런 무식을 드러내지 않아도 되었을 텐데 말이다.

  조금 덧붙인다면 오젓은 오사리젓이 줄어든 말인데, 유월 새우
가 아닌, 그보다 일찍 잡은 새우로 담근 젓을 통틀어 이르는 말
이다. 유월 이전의 새우잡이에는 별별 잡살뱅이 고기가 많이 섞
여 있어서 맛이 덜 좋다.

뱅어포는 뱅어로 만들지 않는다

하얗게 생긴 조그만
물고기 몇 십 마리를 붙여 납작하게 말린 먹거리를 먹어 본 일이
있을 것이다. 날로 술안주로 먹기도 하고 고추장이나 간장을 발
라 구워 먹기도 하는 이 음식을 '뱅어포'라고 하는데 이 뱅어포
를 만드는 물고기 이름을 사람들은 뱅어라고 생각하는 것 같다.
뱅어포이니 당연히 그 고기는 뱅어일 것이라는 지레짐작일 것이
다. 아닌게아니라 뱅어포를 만드는 사람들까지도 그 고기를 뱅

어라고 보고 있으니 할 말이 없기는 하다.

  하지만 뱅어와 뱅어포는 관계가 없다. 다시 말하면 뱅어포는 뱅어로 만들지 않는다는 말이다. 뱅어는 뱅어포를 만드는 그 자잘한 고기처럼 생긴 고기이다. 어미가 되어도 10센티미터를 넘지 않을 만큼 조그만 고기이다. 그래서 그 고기로 뱅어포를 만든다고 믿게 된 것 같다.

  하지만 뱅어포는 뱅어로 만드는 것이 아니고 괴도라치의 새끼 고기를 잡아서 만드는 것이다. '괴도라치'는 '괴또라지'라고도 하는데 새끼 때는 몸이 얇고 가늘고 길고 하얗게 생겼다. 괴도라치의 새끼는 실치라고도 하는데 이것을 잡아서 말린 것이 뱅어포이다. 이젠 뱅어포를 먹더라도 그 고기가 괴도라치의 새끼임을 알고 먹기 바란다.

참꽃이 없어지니 개꽃도 없어진다 | 이른 봄에 산에서 진달래를 보면서 그 꽃의 이름을 물으면 백이면 백 모두 진달래꽃이라고 한다. 하긴 "영변의 약산 진달래 꽃"이 워낙 유명하니 진달래 꽃말고 우리가 다른 이름을 학교에서 배울 기회가 없었으니 당연하기도 하고, 또 진달래 나무에 핀 꽃이니 진달래 꽃이라고 해서 틀린 것은 아닐 것이다. 하지만 그런 식으로 이름 붙이기를 한다면 이 세상 사물을 가리키는 데 몇 안 되는 낱말로

모두 가능하게 될 것이며, 새로운 용어의 출현은 극도로 제약될 것이다.

억새의 꽃은 그냥 '억새꽃'이라고 하면 되므로 구태여 '새품'이라는 낱말을 만들 필요가 없을 것이고, 벼의 꽃가루는 '벼꽃가루'라고 하면 되므로 구태여 '자마구'라는 어려운 이름을 만들어 낼 필요가 없을 것이다. 그러나 모르는 사람은 무식한 탓으로 돌리기로 하고 우리는 할 수 있는 한 많은 우리말 실력을 갖추도록 노력해 보기로 하자.

그러면 진달래 나무의 꽃은 무엇이라고 부르는가? '참꽃'이 진달래 꽃의 이름이다. 왜 참꽃인가? 아마 그 꽃을 먹을 수 있기 때문일 것이다. 참꽃은 술을 담가 먹기도 했고, 화전놀이라고 해서 봄에 산야에 나가 참꽃을 따 전을 붙여 먹으며 놀던 풍습이 있었다. 그래서 진달래 꽃은 참꽃으로 대접을 받았을 것이다. 마치 '참기름'이 대접을 받았던 것처럼 말이다.

그런데 요즘 참꽃이라는 말이 사라지니 그 상대되는 개꽃도 사라지는 것 같다. '개꽃'은 먹을 수 없으니 그렇게 부른 것 같은데 늦은 봄에 피는 철쭉나무의 꽃을 이르는 말이다. 이제 참꽃과 개꽃을 살려서 그들 꽃 앞에 돌려 주면 어떨까?

괴좆나무라니? | 전남 담양에 있는 한국식 정원의 대명사 소쇄원을 찾아간 일이 있었다. 울창한 왕대 숲을 지나 비슷하게 오르막 자락에 배치되어 있는 소쇄원의 정경은 퍽 인상적이었다. 골짜기 물이 밑으로 흘러내리도록 설계된 담이며, 골짜기를 감상하도록 배치된 광풍각이며, 물 떨어지는 소리를 감상하라고 갖은 배려를 해 보인 계곡의 바위들이 보는 이들의 기분을 맑게 해 주고 있었다.

그런데 광풍각 뒤, 제월당 들어가는 어귀에 빨갛게 익은 구기자가 주렁주렁 달려 있는 모습이 보였다. 사람들은 저마다
"야, 구기자 참 많이 열렸군!"
하며 감탄하고 가는데 내가 무심코
"괴좆나무를 왜 이곳에 심었을까?"
하였다. 그러자 앞에 섰던 여자가 나를 힐끗 쳐다보더니 휙 돌아서고 만다. 아마 내 말이 좀 거북하게 들렸던 모양이다. 옆에 있던 친구가 민망해하는 나에게
"구기자나무를 그렇게도 부르냐?"
하고 묻는다. 아마 국어학자 체면을 살려 주고 싶은 작은 배려였을 것이다. 하지만 그 나무는 '괴좆나무' 임이 분명했다. '구기자' 는 그 나무의 열매를 한방에서 그렇게 부른 것뿐인데, 사람들은 그냥 그 나무를 '구기자나무' 라고 부르게 된 것이다. 차라리 '구기자' 를 '괴좆' 이라고 부르면 어떨까? '괴좆' 과 '괴좆나무',

이것이 '구기자'와 '구기자나무'보다 더 그럴듯하지 않은가?

  옛 어른들은 사물 이름을 지을 때 '좆'이니 '씹'이니 하는 성기를 갖다 붙이는 것을 꺼리지 않았던 것 같다. 헝겊으로 동그랗게 만든 단추를 '개씹단추'라고 했는데 그것은 그 단추 모양이 오글쪼글하기 때문에 그렇게 붙였을 것이다. 큰 조개 이름을 말씹조개라고 한다든지, 노의 구멍에 꿰도록 뱃전에 박아 놓은 나무를 '놋좆'이라고 한다든지 하는 것을 보면 옛 어른들의 '좆'과 '씹'은 우리가 지금 받아들이는 것처럼 그렇게 듣기 거북한 낱말은 아니었던 것 같다.

버들개지와 출래

여름에 길 가는 사람들에게 시원한 그늘을 마련해 주는 버드나무, 그 버드나무가 오뉴월이면 사람들의 원망의 눈초리를 감수해야 한다. 오뉴월이면 버드나무의 푸른 잎 사이에서 날아오는 하얀 솜뭉치 같은 꽃이 온 하늘을 뒤덮고 바람에 날리면서 우리의 눈앞을 가리게 되기 때문이다. 그래서 사람들은 버드나무의 꽃 때문에 눈병이 났다고 하소연하기도 하고 버드나무 꽃 때문에 자동차 운전을 할 수 없다고 한다.

  하지만 그 하얀 솜 같은 물체 이름은 '버드나무 꽃'이 아니고 '버들개지'임을 알아두자. 버드나무의 꽃에는 특별히 '버들개지'라는 이름이 붙어 있는 것이다. 그러니 '버드나무 꽃'이라고 하면 무식한 사람이 된다. 그런 사람에게는 무식한 사람이라는 편잔을 주어도 괜찮을 것이다. '버들개지'는 '버들강아지'라고도 부른다. 비록 현대인들에게는 귀찮은 존재가 되었지만 그 이름에서 볼 수 있듯이 원래는 사람들의 사랑을 듬뿍 받고 자라던 나무이다.

이 버드나무의 물 오른 가지를 짧게 잘라 조금씩 비틀면 겉껍질과 속줄기가 갈라진다. 속줄기를 빼 버리면 겉껍질은 마치 가는 대롱처럼 되는데 이것을 입에 대고 불면 소리가 제법 그럴 듯하다. 이것을 '촐래'라고 하는데 악기가 귀하던 시기에 피리를 대신해 주던 훌륭한 악기였다. 한하운 시인이 불며 남도 천리를 걸어갔던 그 버들피리가 바로 촐래인 것이다.

밤느정이와 노굿

6월이 되면 산골에 밤나무 하얀 꽃이 피기 시작한다. 그리고 여름을 지나면서 가루받이[受粉]를 하여 9~10월에 열매를 맺는다. 이 꽃을 특별히 '밤느정이' 줄여서 '밤늦' 이라고 한다. '밤꽃' 이라고도 하지만 '밤늦' 또는 '밤느정이' 라고 불러 주는 것이 제격일 것이다.

우리가 밥상에서 흔히 마주하게 되는 콩이나 팥은 어떤 꽃에서 맺힌 것일까? 물론 콩은 콩 꽃에서 열렸을 것이고 팥은 팥꽃에서 열렸을 것이다. 하지만 콩이나 팥의 꽃은 '노굿' 이라는 특별한 이름을 가지고 있다. 또 콩 가운데 특별히 밥 위에 얹어 먹는 콩으로 '동부콩'이라는 것이 있다.

그냥 '동부'라고 하면 될 것을 '콩'을 강조하기 위해 그렇게 부르는데 이 '동부'를 맺는 풀은 '광저기'라고 한다. 따라서 광저기의 꽃에서 동부가 맺힌다고 할 것인데 이 광저기의 꽃을 '동부노굿'이라고 하는 것을 보면 콩이나 팥 종류의 곡물 열매를 맺는 꽃은 대개 '노굿'이라고 부르는 것으로 짐작된다.

그런데 여기서 한 가지 조심할 것이 있다. '꽃'은 '피는 것'이므로 '노굿이 피었다'고 하기 쉬운데 그렇게 쓰면 안 된다. '노굿'은 '일었다'고 써야 한다. '콩노굿이 일었다'고 하거나, '팥노굿이 인다', 또는 '동부노굿이 일 때'처럼 쓰는 것이다.

강아지풀이면 다 강아지풀이냐 | 논밭이나 풀밭에서 흔히 볼 수 있는 풀 가운데 강아지풀이라는 것이 있다. 몹시 생명력이 강해서 어디서나 잘 자란다. 이 풀은 여름에 마치 강아지 꼬리를 연상시키는 복슬복슬한 이삭을 맺는데 그 이삭에는 자잘한 꽃들이 많이 피며 마치 조가 익는 것처럼 익어 고개를 숙이게 된다. 물론 먹을 수 없기 때문에 사람들에게는 전혀 도움이 되지 않는 풀이다.

그런데 이 풀이 자라면 작물이 이 풀에 치이어 제대로 자라지 못한다. 그래서 이 풀은 밭에서 우선 뽑아내야 하는 풀로 취급되고 있는 것이다. 농부들이 논이나 밭에서 김을 맨다고 하는데 김이라고 하는 것이 바로 이 강아지풀을 가리키는 경우가 많다. 물론 강아지풀만 김인 것은 아니다. 그런데 이 강아지풀이 밭에 있으면 농부들은 이를 강아지풀이라고 듣기 좋도록 운치 있는 이름으로 부르지 않는다. 그때는 '가라지' 라고 부른다. 길가나 풀밭에서 자라는 것은 강아지풀이지만 밭에서 작물에게 해를 끼치며 자라는 것은 '가라지' 인 것이다.

일부 지방에서는 논에 자라는 강아지풀을 '피' 라고 한다. 이 경우는 '강아지풀' 과 '돌피' 를 혼동하여서 하는 말이거나 '강아지풀' 이든 '돌피' 이든 벼에 해로운 풀이면 무조건 '피' 라고 한다고 볼 수도 있다.

어떻든 강아지풀은 그 끈질긴 생명력 때문에 사람들에게서 몹시 경계와 미움을 받는 풀이 되어서, 그가 자라는 곳에 따라 이름을 달리 선사받고 있는 것이다.

굴 밭이 도사리 밭으로 | 가뭄과 무더위가 기승을 부리게 되면 동식물들은 이를 견디어 내기 위한 처절한 노력을 기울인다. 식물들은 먼저 자기 몸 가운데 없어도 될 것부터 차례로 죽이는 결단을 내리게 된다. 잎사귀가 무성한 푸나무는 먼저 이 잎

사귀들을 죽임으로써 물과 양분의 소모를 줄인다. 열매를 맺고 있는 나무의 경우에는 당연히 이 열매를 떨어뜨림으로써 열매를 길러야 하는 부담에서 해방되고자 한다.

　얼마 전에 제주 지방에 가뭄이 심하게 되자 귤이 익기 전에 말라 떨어지거나 썩어 떨어지고 있어서 올해 귤의 됨새[作況]가 비관적이라는 소식이 뉴스 시간에 보도된 바 있었다. 그때 그 기자는 "귤 밭에 가뭄이 들어 귤이 익기도 전에 수없이 떨어지고 있다."고 보도하였는데 좀더 유식하고 정확하게 표현하려면 '귤 밭에 가뭄이 들어 도사리가 수없이 떨어지고 있다.' 라고 하든가 '귤 밭에 가뭄이 들어 귤 밭이 도사리 밭으로 변하고 있다.' 라고 하였으면 좋았을 것이다. '도사리' 란 '병이 들거나 바람이 불거나 해서 익기 전에 떨어진 열매'를 뜻하는 낱말이기 때문이다.

처음 맺힌 열매와 꽃다지 | 어느 책에서인지 오이나 호박, 가지 같은 식물의 첫 열매는 크게 자라지 못한다는 글을 읽은 것 같다. 동물의 새끼도 첫배 새끼는 시원치 않아서 '무녀리' 라고 하여 덜 되고 못난 것을 가리키는 보통 명사가 되었다. 사람도 첫 아이보다는 둘째 아이가 더 야무지게 자라는 경우가 많다. 처음은 아무래도 연습이 부족하여서 그러는지 모르겠다.

　어쨌든 오이나 호박, 가지처럼 꽃과 함께 열매가 열려 그것이

점점 부풀어 자라는 열매는 첫 열매가 신통치 않아서 그런지 특별히 '꽃다지'라는 이름이 붙어 있다. '꽃다지'의 '꽃'은 '처음'을 뜻하는 말이다. '꼴등'의 반대말인 '꽃등'이나 '술[酒]의 웃국'을 뜻하는 '꽃국'의 '꽃'도 '처음'을 뜻하는 말이다. '다지'는 '달린 것'을 뜻하는 말일 것이다. 처음 열린 열매를 '꽃다지'로 구별하는 것은 이 열매가 제대로 자라는 경우가 많지 않기 때문에 다른 열매와 구별하기 위해서였을 것이다.

 이제 여러분은 '오이나 호박의 처음 열린 열매는 따 주는 것이 좋다.'라고 하지 말고, '오이나 호박은 꽃다지를 따 주어야 한다.'라고 말해 보기 바란다.

새품, 달품, 갈품 | 시골에서 자란 사람이라면 아마 마을 뒷산의 볕 바른 풀밭이나 논둑 같은 데에서 삘기를 뽑아 먹었던 기억을 가지고 있을 것이다. 지역에 따라서는 이것을 '삐비'라고도 하는데 이는 사투리다. '삘기'는 '띠'의 새로 나오는 어린 이삭을 이르는 이름인데 이것이 매우 부드러워 입에 넣으면 사르르 녹는 듯하고 또 맛있어서 당시 군입거리로도 널리 애용되었다. 하지만 어린 삘기가 점점 시간이 지나면 쇠어서 먹을 수 없게 되는데 이 상태가 띠의 이삭이 여물어 가는 시기이다.

 이 때쯤이면 삘기는 삘기가 아니고 새품이 된다. 새품이란 띠나 억새 같은 풀의 꽃을 가리키는 말이다. 냇가 모래땅에 나는 달풀도 이삭 모양으로 꽃이 피는데 이 꽃 이름은 달품이라고 하고, 갈대의 하얗게 핀 이삭은 갈품이라고 한다. 이렇게 보면 풀 가운데 이삭에 붙은 꽃은 대개 '품'이라고 하는 것을 알 수 있을 것이다.

모래톱과 모랫등 │ 손가락 끝에 딱딱하게 돋아서 잘라도 잘라도 자꾸 자라는 것이 있는데 우리는 이것을 '손톱'이라고 한다. '손'은 손가락에서 온 것 같은데 '톱'은 난데없는 말 같아서 왜 그것을 손톱이라고 부르게 되었는지 궁금하지 않을 수 없다. 그런데 강가나 바닷가에 모래가 모여 이룬 땅을 '모래톱'이라고 한다. 강가나 바닷가를 기준으로 하여 본다면 모래톱은 손가락에서 새로 생긴 손톱처럼 새로 생긴 땅이다. 따라서 손톱이나 모래톱이나 가장자리에서 새롭게 생기는 것이라는 점에서 공통점이 있음을 알 수 있게 된다.

　모래톱은 강이나 바다의 가장자리에 모래가 쌓여 이루어진 땅을 가리킨다. 대체적으로 땅 모양이 활처럼 휘우듬하게 생긴 것이 특징이다. 활처럼 휜 모양의 땅을 구미라고 한다. 구미는 한자어로 만(灣)에 해당하는 우리말이다. 땅이 모래로 이루어졌건 자갈로 이루어졌건 뻘로 이루어졌건 상관없이 휘우듬하게 초승

달 모양을 한 땅을 구미라고 한다. 이에 비해 모래로 이루어진 구미를 모래톱이라고 한다.

한강이나 낙동강처럼 큰 강에는 모래가 강가에만 쌓이지 않고 강의 가운데에 쌓이기도 한다. 어떤 것은 조그맣게 쌓여 비가 조금 오면 물에 잠기지만 어떤 것은 비가 어지간하게 오지 않으면 물에 잠기지 않는다. 한강에 있는 여의도, 밤섬, 남이섬 같은 것들이 강의 가운데에 형성된 것들인데 이처럼 모래가 쌓여 강의 가운데에 이루어 놓은 땅을 모랫등이라고 한다. 낙동강의 을숙도를 비롯한 삼각주는 모두 모랫등에 속한다.

물에 자주 잠기지 않는 모랫등에는 풀이 자라고 나무가 자라면서 생물이 살게 된다. 이런 모랫등을 풀등이라고 한다. 한강의 밤섬이나 낙동강의 을숙도가 대표적인 풀등이다. 강이 이루어 놓는 모래톱과 모랫등, 풀등을 알아두면 좋겠다.

오얏과 자두 | 오얏과 자두는 같은 열매를 가리키는 말이다. 오얏은 우리말이고 자두는 한자말 '자도(紫桃)'가 변한 말이다. 그런데 1988년 표준어 사정을 하던 국어학자들이 자두를 표준말로 선정하고 오얏은 쓰지 못하게 하였다. 그 이유는 '오얏'이 이미 죽은 말이 되었고 자두가 널리 쓰이고 있기 때문이라는 것이었다. 그렇다면 정말 '오얏'이 죽은 말인가?

다 아는 바와 같이 우리 나라에서 두 번째로 흔한 성씨에 '이 (李)' 씨가 있다. 이 '이' 씨의 한자 '李'는 옥편에 분명히 '오얏 나무 리' 또는 '오얏 리'라고 훈이 달려 있다. '자두나무 리'라 고 하거나 '자두 리'로 되어 있지 않다는 말이다. 지금 학생들이 이 글자를 배울 때도 모조리 '오얏'을 훈으로 삼지 '자두'를 훈 으로 삼지 않고 있다. 또, 고려사나 많은 기록에 지금의 서울에 '오얏나무'가 무성하여 그것을 베었다는 기록이 있는데 이 기록 들은 모두 '자두나무'로 번역된 것이 아니고 '오얏나무'로 기록 되어 있다.

그런데 지금 사람들이 자두 열매를 '오얏'으로 부르지 않고 '자두'로 부른다고 해서 '오얏'을 공식적으로 도태시키겠다고 한 것은 참으로 한심한 일이 아닐 수 없으며 국어학자들의 소임 이 무엇인지 전혀 깨닫지 못한 소치라고 하지 않을 수 없다. 사 람들이 쓰지 않아서 죽은 말이 되면 국민들이 어련히 알아서 쓰 지 않을 것인가? 왜 미리 쓰지 말라고 선언을 하고 나서는가? 더 욱이 지금 버젓이 글에서 쓰이고 있는 낱말을 말이다. 하나라도 건져야 할 우리말을 이렇게 없애도 전혀 가슴이 아프지 않은 사 람들이라면 국어학으로 명예와 생화를 추구하지 않아야 할 것이 다. 국어학자들이 이 모양이니 일반인들이 이에 휩쓸려서 우리 말을 따돌리고 손쉬운 한자말을 좋아하게 된 것이 아닐까 생각 해 본다.

으악새가 슬피 우는 사연

얼마 전 친구들과 함께 노래방에 간 일이 있었는데, 거기서 한 친구가 "아아, 으악새(또는 우악새) 슬피 우니 가을인가요…" 하는 흘러간 노래를 멋있게 불렀다. 오는 길에 그 친구에게 '으악새'가 어떤 새냐고 물었더니 그 친구는 간단히,

"뭐 그런 새가 있는 모양이지. 알 게 뭐야. 노래만 즐겁게 부르면 되지 따지긴 뭘 따져?"

하는 것이었다. 그러자 한 친구가 옆에서 거들었다.

"그건 억새의 사투리야. 나도 궁금해서 사전을 찾아보았는데 그렇게 되어 있더라구. 새 이름이 아니고 풀 이름인 셈이지."

그러자 다른 친구가 곧 반격했다.

"야, 무슨 풀이 그리 슬피 운대?"

머리 좋은 친구가 곧바로 받아서

"억새 위로 가을 바람이 스치면서 나는 소리를 그렇게 시적으로 표현한 것이겠지."

이렇게 대꾸하였다.

이후 한참 동안 이런저런 재미있는 해석들이 쏟아지게 되었다. 으악새가 억새의 사투리라는 전제 밑에서 하는 이야기들이었다. 이 글을 읽는 분들 가운데서도 한 번쯤은 으악새의 정체를 궁금해한 적이 있었을 줄 안다. 그런 분은 이 기회에 이 새의 정체를 알아두시기 바란다. 결론부터 말하면 으악새는 '왁새'를 길게

발음하는 과정에서 나타난 노래말이고, 이는 '왜가리'를 가리키는 평안도 지방의 말이다. 왜가리는 여름철새이기 때문에 가을이 되면 이곳을 떠나 남쪽으로 날아간다. 서글픈 듯한 울음소리를 남기면서 말이다. 하지만 이 노래에서 왁새가 우는 진짜 사연은 아마도 사람들이 자기를 전혀 모르면서 "아아, 으악새…" 하며 노래를 부르는 무신경 때문일지도 모르겠다.

징검다리와 징검돌

바위와 모래, 돌과 흙은 겉보매는 서로 몹시 다르지만 그 본질은 같은 모양이다. 왜냐하면 바위가 부서져서 돌이 되고 모래가 되고 흙이 되며, 반대로 흙이 굳어져서 돌이 되고 바위가 되기도 하기 때문이다. 그런데 이 바위가 돌이 된 것, 그리고 돌이 부서져 모래가 된 것, 그리고 그것이 흙이 된 것을 모양이나 크기에 따라서 이름을 다르게 부른다는 것을 알아둘 필요가 있다. 김용택의 수필에는 이런 대목이 나온다.

까마귀바위 바로 아래에 징검다리가 있다. 이 징검다리는 마을에서 강을 건너는 유일한 길이다. 마을 양끝과 마을 복판에서 강으로 오는 세 갈래 길이 이 징검다리에서 만난다. 징검다리가 다 그렇듯이, 처음 시작되는 물가의 징검돌은 아주 작다. 물 가운데로 갈수록 돌덩이는 점점 커지는데 아주 물살이 센 곳에는 자라석으로 깊이 박힌 넓적한 바위가 있다. 그리고 강 건너로 갈수록 또 점점 돌덩이들이 작아진다. 이 징검돌의 수는 약 아흔 개쯤 된다. 이 징검다리가 놓여진 곳이 약간 물살이 센 곳인데도 이 징검다리 돌멩이는 한 번도 떠내려간 적이 없었다.(김용택—섬진강을 따라가며 보라)

위 글에는 징검다리를 이루고 있는 '징검돌'로 쓰인 돌로 '돌덩이'와 '돌멩이' 그리고 '자라석으로 깊이 박힌 바위'의 세 가지를 들고 있다. 우리가 다 잘 아는 바와 같이 징검다리는 물살이 비교적 급하지 않은 곳에 물을 가로질러 드문드문 돌을 놓아 그 돌을 디디고 건너게 만든 것을 이르는 말이다. 따라서 징검돌로 쓰이는 돌은 최소한 평소에 흐르는 물 속으로 잠길 만큼 작아서는 안 되는 것이다. 뿐만 아니라 여간한 비가 와서 물살이 급해지더라도 쉽사리 떠내려가지 않을 만큼 묵직해야 될 것이다. 그렇다면 위의 '징검돌'로 쓰인 '돌덩이'나 '돌멩이'는 그만큼 크고 무거운 돌인가 생각해 볼 필요가 있는 것이다.

  땅에 박혀 있으며 결코 굴리거나 들어올릴 수 없는 큰 돌을 바위라고 한다. 아무리 큰 돌이라 하더라도 땅 위에 그 뿌리가 뽑혀 있으면 그것은 이미 바위가 아니다. 물론 땅 속에 뿌리를 박고 있다 해도 땅을 파헤쳐서 그것을 뽑아 낼 수 있는 것이면 바위라고 하지 않는다. 바위처럼 크거나, 수십 명이 겨우 땅띔을 할 수 있을 만큼 큰 돌은 돌 덩어리라고 한다. 돌 덩어리는 아무리 작더라도 한 사람이 쉽게 들어올릴 수 있는 것보다는 더 크고 무거워야 한다. 이에 비해 '돌덩이'는 한두 사람의 힘으로 쉽게 들거나 굴리거나 할 수 있는 돌을 가리킨다. 우리말의 '덩이'는 '덩어리'보다 작은 크기의 물체를 가리킬 때 쓰인다. '땅 덩어리'라고 하면 적어도 나라의 땅이나 아시아 아프리카 대륙을 가리킬 정도로 큰 땅을 가리킨다. 그러나 '땅덩이'라고 하면 사람이 가지고 지키며 이용하는 좁은 땅을 가리킨다.

  이런 의미 분화에 주의를 한다면 징검돌로 쓰인 돌의 이름들을 말하는 데 주의를 하지 않을 수 없을 것이다. 우선 사람들이 징검돌로 돌 덩어리를 사용하는 것은 쉽지 않을 것이다. 크고 무겁기 때문이다. 다만 처음부터 징검다리를 놓을 곳에 자연히 있는 돌 덩어리라면 물론 징검돌로 쓰이는 데 손색이 없음은 당연하다. 위 인용문에서 '자라석으로 깊이 박힌 바위'란 어쩌면 돌 덩어리일 가능성이 크다. 이것은 뿌리가 다른 바위와 연결되어 있어서 완전한 바위라면 물론 바위일 것이나 그렇지 않고 독립해서 있는 하나의 돌이라면 돌 덩어리일 것이다.

  그렇다면 징검돌은 어떤 돌로 놓게 될까? 결론부터 말한다면 돌덩이로 놓는다고 하는 것이 옳다. 돌덩이는 사람이 쉽게 집어 던지거나 발로 차서 굴릴 수 없을 만큼 크고 무거운 돌이다. 그러나 수십 명이 함께 힘을 쓰지 않으면 안 될 만큼 크지는 않다. 산에 성을 쌓고 집 둘레에 돌담을 쌓을 때 이용되는 돌은 대부분 돌덩이라고 생각하면 틀림없다. 이러한 돌덩이로 냇물을 가로질러 징검돌을 놓는 것이 보통이다. 아무리 얕은 냇물이라도 적어도 물살에 씻겨 내려가지 않아야 하고 또 사람이 올라섰을 때 사람의 발바닥이 돌의 바닥에 닿을 수 있을 만큼 넓이가 있어야 하기 때문이다.

그러면 돌멩이는 어떤 돌인가? 돌멩이는 바위가 부서져서 된 돌 가운데 가장 작은 돌이다. 사람이 한 손으로 집어 들고 멀리 던질 수 있을 만큼 가볍고 작다. 우리 민속에 동네 젊은이들이 편을 갈라 돌싸움을 할 때 돌팔매로 상대편을 맞히는 놀이가 있었는데 이 돌팔매를 하기 좋은 돌이 바로 돌멩이다. 돌멩이도 크기가 다양하다. 주먹만한 것이 있기도 하고 좁쌀처럼 작은 것도 있다. 대체적으로 돌멩이는 사람이 들고 던질 수 있는 정도의 것들이다. 냇가에 있는 큰 돌멩이가 물에 오랫동안 씻겨 모서리가 닳아 매끄럽고 두루뭉실하게 된 것이 자갈이고, 이 자갈 가운데 비교적 작아서 자갈로 쓰기 어려운 돌이 조약돌이다.

따라서 가볍고 작은 돌멩이로 징검다리를 놓는다는 것은 아이들의 장난일 뿐이고, 마을 사람들이 빈번하게 이용하는 징검다리를 돌멩이로 놓는다는 것은 있을 수 없는 일이다. 혹 돌멩이로 징검다리를 대신할 수는 있을 것이다. 갑자기 비가 많이 와서 평지에 물이 고였을 적에 임시로 돌멩이라도 몇 개 놓아서 디디고 가도록 한 경우의 징검다리라면 말이다. 하지만 냇가를 가로질러 놓는 항구적인 징검다리에는 결코 돌멩이로 징검돌을 쓰지는 않는다.

　위의 인용문에서 한번도 징검돌이 떠내려간 일이 없었다니 그것은 분명 돌멩이는 아닐 것이다. 이 시인은 돌덩이와 돌멩이를 같은 개념으로 상정하고 부주의로 쓴 것 같은데 사실은 많은 사람들의 글 속에서 이런 부주의가 발견된다.

샘, 도랑, 개울, 시내 ｜ 언젠가 텔레비전에서 중국에 있는 황하의 뿌리를 찾아가는 다큐멘터리를 방영한 일이 있었는데, 황하를 거슬러 올라가고 올라가서 마지막 가장 먼 곳에까지 가서 보니 황하는 한 덕판[高原]의 푸서리[荒野] 속에서 졸졸 흘러내리는 시냇물로 이어져 있었고, 그 시냇물은 풀숲 속에서 소리도 없이 솟아나고 있는 한 샘에 그 뿌리를 두고 있음이 밝혀져 그 샘 옆에 '황하의 뿌리'라는 팻말을 박았다 한다. 그 길고 넓은 황하의 뿌리가 한 조그만 샘이었다는 것이다.

　물이 언제나 고여 있는 것은 바다요, 늪이요, 못이요, 웅덩이이다. 이런 곳으로 물이 흘러내리는 것이 개울이요, 시내요, 내요, 가람이다. 그러면 도대체 물은 어디서 흘러내리는가? 비가 오면 어디서나 물은 흐른다. 순식간에 물줄기를 이루어 도랑을 만들고 개울로 시내로 흘러내린다. 그러나 비가 그치면 이런 도랑은 순식간에 없어지고 끊임없이 솟아나는 물의 뿌리를 가진 곳에서

만이 물은 쉬지 않고 흐르게 된다.

쉬지 않고 흐르는 물의 뿌리는 어디인가? 두말할 필요도 없이 '샘'이 그 뿌리이다. '샘'이란 물이 솟아나는 곳을 가리키는 말이다. 어디서 흘러 들어오는 곳이 아니라 솟아나는 곳이다. 물론 땅 속에서는 여기저기서 물이 흘러 들어와 땅 위의 어느 곳으로 새어 나가기 때문에 샘도 흐르는 물이 모인 곳이라고 할 수는 있지만 적어도 우리가 받아들이는 샘은 '솟음'을 의미하는 말이지 결코 '모임'을 의미하지는 않는다.

'샘'에서 솟는 물을 가두어 둔 곳을 '우물'이라고 한다. 우물 역시 다른 곳에서 물이 흘러 들어 모인 물이 아니고 솟아난 물이 즉시 흘러나가지 않고 갇혀 있는 물인 것이다. 그런 점에서 아래의 인용문은 적절한 낱말을 사용하지 못한 잘못이 있다 할 것이다.

이 섬진강이 시작되는 곳은 전북 진안군 마령면 원신암 마을이다. 어디선가 한 방울의 물이 태어나고 그 물방울들이 서로 부르고 모여들어 옹달샘을 만들며, 산짐승이나 나무꾼들이 마시고 남은 물이 넘쳐 흘러 실낱같은 물줄기를 이루고, 이 실 같은 물줄기들이 흐르며 또 물을 불러 모아 작은 도랑물을 만든다. 작은 도랑물들은 흐르며 가재와 고기들을 키우고 그 옆 논과 밭을 적시고 나머지는 또 흐르며 여러 도랑물들을 만들어 낸다. 도랑물들은 작고 큰 계곡과 골짜기에서 또 그렇게 흘러 온 도랑물을 만나며 몸을 키운다. 이렇게 키운 섬진강 물줄기는 여러 마을을 흘러 오다가 마이산으로 유명한 수마이산 봉우리에서 생긴 또 한 가닥의 도랑을 만나 비로소 시내를 이루며 진안군 성수면을 지나 임실군 관촌면 용포리를 넘어 방수리를 지나 관촌 사선대에 이른다.(김용택―섬진강을 따라가며 보라)

샘이 '땅에서 물이 솟아나는 곳'을 뜻하는 말이듯이 '옹달샘'도 마찬가지이다. 다만 샘 가운데 비교적 규모가 작아 고이는 물의 양이 적고 오목하게 들어가 있는 샘을 '옹달샘'이라고 한다. '옹달시루', '옹달솥', '옹달우물'이 모두 작고 오목한 것을 가리키는 것과 통하는 말이다. 따라서 '옹달샘'은 결코 물방울들이 서로 부르고 모여들어 이루어지는 것이 아니고, 스스로 솟아서 이루어지는 것이다. 그러니 위 글의 "어디선가 한 방울의 물이 태어나고 그 물방울들이 서로 부르고 모여들어 옹달샘을 만들며" 하는 표현은 달리 써야 할 것이다.

위 글은 섬진강의 뿌리인 한 샘에서 물이 흘러 다른 곳에서 흘러 오는 물과 합하여 도랑이 강으로 커지는 과정을 이야기한 것이다. 샘에서 흘러내리는 가는 물줄기를 도랑이라고 한다. 도랑이 어느 정도 크면 개울이 되는지 확실하게 말할 수는 없지만 물줄기가 쉽게 바뀌지 않고, 물의 양이 멱을 감을 수 있을 만큼은 되는 큰 물줄기를 이루어야 개울이라고 할 수 있을 것이다. 도랑을 건너는 데는 징검다리를 놓을 필요 없이 그냥 건너뛰면 되고 개울을 건너는 데는 징검다리가 필요한 것이 보통이다.

도랑은 산에서 흘러내리는 물줄기뿐만 아니라 집에서 흘러 나오는 물줄기도 함께 이르는 말이기 때문에 자연과 인공의 물줄기를 두루 이르며, 특히 집에서 흐르는 도랑은 더러운 물줄기이므로 도랑창이라고 부른다. 그러나 개울은 산에서 자연히 흘러내리는 깨끗한 물줄기가 주를 이룬다. 개울물이 커지거나 평지로 나오면 시내가 되는데, 시내의 특징은 물살이 급하지 않아 멱을 감거나 논밭에 물을 대는 데 좋고, 물의 폭이 아직 배를 띄울 수 없을 정도로 좁다는 점일 것이다. 이 시내가 넓어지면 내가 되는데, 내에서는 나룻배나 비교적 작은 배가 다닐 수 있다. 이런 점에서 본다면 위의 글에서 도랑물이 몸을 불려 개울을 이루지 않고 곧바로 시내를 이룬다고 한 것은 아쉬운 대목이라 하겠다. 우리가 우리말에 대한 세심한 주의를 기울어야 하는 이유를 가르쳐 주는 대목인 셈이다.

6. 실수하기 쉬운 말

'장만'인가 '마련'인가

시인 서정주 님이 쓴 책《미당 산문》에 이런 구절이 나온다.

"사실은 그네는 그네의 가족들과 함께 며칠의 휴가를 장만했기 때문에 겨울 여행을 영남으로 떠나려는 판인데 모처럼 핀 난초꽃을 식모의 손에 맡겨두고 가는 것은 아무래도 안심이 안 돼 그러니 미당이 그 사이를 맡아 돌보아 주며 즐겨 보는 게 어떻겠느냐는 것이었다."

이 글에서 '휴가를 장만했다'는 말이 무척 서투르게 여겨지는 분이 있을 것이다. 어떻게 하는 것이 휴가를 장만하는 것인가 하고 말이다.

'장만'과 '마련'은 모두 '없는 것을 있게 하는 준비'의 뜻을 가지나 쓰임새를 보면 차이가 있음을 알 수 있다. (×표는 어색한 표현임을 나타냄)

*부엌에서는 잔치에 쓸 음식을 장만 / ×마련하고 있었다.
*아내는 점심 반찬을 장만 / ×마련하기에 분주하였다.
*손수 집을 지으려고 온갖 재료를 다 장만 / ×마련해 놓았다.
*빚을 내어 겨우 학자금을 ×장만 / 마련하였다.
*잠 잘 곳을 미리 ×장만 / 마련해 두어야 한다.
*혼수 살림을 빨리 ×장만 / 마련해야 할 텐데.

이렇게 보면 '장만'은 무슨 쓸모에 쓰려고 (필요한 것을) 재료를 가지고 직접 만들거나 사서 갖추어 놓는 것을 가리키는 말이라고 볼 수 있다. '장만'의 대상은 구체적인 물건이 되고, 그 물건은 사거나 만들어 제 것이 되는 것이 자연스러우며, 하나일 수도 있고 여럿일 수도 있다. 그러나 '마련'의 대상은 직접적으로 필요한 무엇 하나인 경우가 많고, 구체적인 사물이 아니라도 좋으며, 사지 않고 빌린 것이라도 괜찮다. 이렇게 볼 때 '휴가'는 '장만하는' 것이 아니고 '마련하는' 것에 가까움을 알 수 있을 것이다. 따라서 위의 서정주 시인 글 가운데 '휴가를 장만했다'고 한 것은 어색하기 이를 데 없는 표현이라 할 것이다. 시인이라 언어를 창조할 수도 있다고 강변하면 도리 없이 이해해 주어야 하는 불상사가 일어날지 모르겠으나 창조와 파괴가 혼동되면 안 될 것이다.

맨발 벗고 뛰라고?

우리는 흔히 신이나 양말을 벗고 나선 모습을 '맨발 벗고'라고 표현한다. 다 아는 바와 같이 '맨발'은 '아무것도 신지 않은 발, 즉 벗은 발'을 가리키는 말이다. 그렇다면 '맨발을 벗고'는 어떤 상황을 의미하는가? 이미 벗어 버려서 아무것도 신지 않은 발에 무엇이 있어 또 벗어야 하는가? 이런 표현은 우리네 언어가 매우 규범 없이 쓰이고 있는 반증이기도 하다. '발을 벗고' 뛰라고 해도 될 것을 의미 전달이 안 될 것 같은 지레 걱정이 앞서거나 스스로 그것만으로는 만족하지 못하겠어서 한 마디를 덧붙여야 직성이 풀리게 되어 있는 것이 우리네 심성인가 보다.

'동해'만으로는 '동쪽 바다'의 의미가 부족한 듯하여 '동해 바다'라고 한다든지, 앞에서도 이야기한 것처럼 '동부'가 이미 콩의 한 가지인데 이를 '동부콩'이라고 하는 것이 우리 언어 생활의 낭비적인 무신경에서 오는 현상일 것이다. 이런 이중 언어는 수없이 많이 널려 있다. '국화 꽃' '무궁화 꽃'에서부터 '고목 나무' '상갓집' '처갓집'에 이르기까지 이루 헤아릴 수 없다. '맨발 벗고 뛴다/나선다'는 말은 우리 국어 사전에도 올라 있는 숙어이다. 하지만 그것은 잘못된 언어 습관에서 온 것이므로 '발 벗고 뛴다/나선다'로 쓰거나 '맨발로 뛴다/나선다'고 써야 할 것이다.

닻을 주는 것 | 한편에서는 기를 쓰고 외래어를 사용하는 사람들이 있는가 하면 한편에서는 우리말을 우리말답게 사용하지 못해서 안타까워하는 사람들이 있다. 소설을 쓰는 사람, 학문을 하는 사람에서부터 정치인, 경제인을 지나 어중이떠중이에 이르기까지, 우리는 우리말을 너무나 규범 없이 쓰는 경향이 있

다. 하긴 국어 시간에 우리말 사용법을 가르치지 않으니 누구를 나무랄 수만은 없지만 말이다. 의식 있는 어떤 문인의 최근 소설에 이런 구절이 나온다.

"먼바다도 아닌, 숫섬 뒤편에다 닻을 박았는데 홀연 들이닥친 돌풍에 배가 파선되어 그는 물에 드리운 낚싯줄에 두 팔이 휘감겨 헤엄 한번 못 쳐 보고 익사한 것이었다."

위에서 문제가 되는 표현은 '닻을 박았는데' 하는 말이다. 배가 머물 때 물결에 흘러가지 않도록 닻을 물 속에 박았다는 말을 이렇게 표현한 것인데 이는 잘못된 표현이다. 닻을 물 속에 내려 바닥에 두는 것을 '박는다' 고 하지 않고 '준다' 고 한다. 아마 '박는다' 는 표현이 엉뚱한 어감을 내비칠 수도 있음을 감안한 뱃사람들의 격조 높은 표현일 것이다. '닻을 준다' 는 것은 배가 머물기 위해 닻을 바닥에 내린다는 뜻이고, '닻을 감는다' 는 말은 배가 떠나기 위해 닻을 들어 올린다는 말이다. 그럴듯한 표현이 아닌가? 이런 품격 있는 말을 모르고 '닻을 박는다' 고 한다면 문인의 언어 사용이 뱃사람들보다 거칠다고 하지 않을 수 없을 것이다.

채는 치는 것 | 또 어떤 학자가 지어낸 민속 관계의 책을 읽어 보니 여기에도 우리말을 너무 소홀하게 다룬 흔적이 엿보였다.

"우리 집에서는 감자 부침을 자주 부쳐 먹는다. 껍질 벗긴 감자를 믹서에 간 다음 풋고추, 당근, 양파, 호박 따위 남새를 채썰어 섞으면 맛이 그럴 듯하다."

위에서 문제되는 곳은 '채썰어'라고 쓴 부분이다. 이는 고추나 호박 따위를 가늘게 썰어서 섞는다는 말로 쓴 것인데, '채썰어'는 엄밀하게 말한다면 '채쳐'로 바꾸어야 한다.

시골에서 흔히 '채지'(채깍두기나 채김치와는 다름)라고 부르는 반찬은 무를 가늘고 길게 썬 것을 고춧가루 등 몇 가지 양념에 버무려 담근 것인데, 이처럼 가늘고 길게 써는 것을 '채친다'고 한다. 마찬가지로 고기를 얇고 길게 자르는 것을 '회를 친다'고 한다. 이는 회(膾)를 만들기 위해 고기를 썬다는 말이다. 또 토막이 되도록 써는 것을 '토막을 친다'고 한다. 이때는 특별히 '토막을 낸다'고 하기도 한다. 그러나 '토막을 썬다'고 하지는 않는다.

이처럼 각 명사에 상응하는 특별한 동사가 있는 경우에는 그 동사를 써 주는 것이 우리말의 맛을 살리는 길일 것이며 우리의 문화와 철학을 이해하는 길이 될 것이다. 이제 단순히 우리말 낱말 몇 개를 쓰는 것에서 우리말을 어떻게 멋지게 사용할 것인지에 대해서 좀더 깊은 주의를 기울여야 할 것이라고 생각한다.

'삼가해'와 '마다할' | 우리는 흔히 말이나 글에서 상대에게 주의를 주거나 자기 의견을 말할 때, "…하는 행동을 삼가해 주기 바랍니다"라고 하거나 "굳이 그것을 마다할 필요가 있습니까" 어쩌고 하는 표현을 즐겨 사용한다. 하지만 여기서 '삼가하다'나 '마다하다'는 전혀 우리말 낱말이 아니다. 제대로 된 우리말은 '…하는 행동을 삼가 주기 바랍니다'와 '굳이 그것을 마달 필요가 있습니까'이다. 왜냐하면 '삼가다'의 이음꼴은 그냥 '삼가'이지 '삼가해'가 아니고, '마다다'의 매김꼴은 '마달'이지 '마다할'이 아니기 때문이다.

'삼가 주기 바랍니다'와 '돌아가 주기 바랍니다'의 '삼가'와 '돌아가'는 모두 '삼가다'와 '돌아가다'의 이음꼴로서 끝말이 '아' 소리로 끝났기 때문에 이음꼴 씨끝인 '-아'가 생략된 것이다. 또 '굳이 마달 필요가 있습니까'와 '지금 일어날 필요가 있습니까'의 '마달'과 '일어날'은 모두 '마다다'와 '일어나다'에 매김꼴 씨끝 '-ㄹ'이 붙은 것이다. 우리가 '돌아가해 주기 바랍니다'라고 할 수 없고, '일어나할 필요가 있습니까'라고 할 수 없듯이 '삼가해'와 '마다할' 같은 용법은 있을 수 없다. 우리말에 '다'와 '가' 소리로 끝나는 단일어가 별로 없기 때문에 이런 서투른 용법이 나오지 않았는지 추측되지만 어쨌든 이것은 잘못이다.

'안절부절' 해야 하는가 못 해야 하는가

한국인은 말하는 것만 어려워하는 것이 아니고 글을 쓰는 일에도 상당한 어려움을 겪는다. 앞에서 말한 말의 규범을 제대로 이해하고 확실하게 소화하지 못하고 있기 때문에 글을 쓸 때도 그런 문제가 나타나지 않을 수 없는 것이다. 어찌 보면 글은 말보다는 좀더 쓰기 쉽게 느껴질 법하다. 그런데 사람들의 이야기를 들어 보면 말하기보다 글쓰기가 더 어렵다고 한다. 물론 글의 내용이 좋은 글을 쓰기가 어렵다는 뜻도 있겠지만 보통 사람들은 무조건 글쓰기를 어렵게 생각하는 경향이 있는 것이 사실이다. 그 까닭은 아무래도 우리가 국어에 대한 규범을 너무 안이하게 생각하고 몸에 익히지 못한 때문이 아니겠는가 생각해 본다.

그런 어느 날 밤늦게까지 조선생 집에서 이야기를 하면서 시간을 보내던 오빠는 그와 더불어 밤 늦게 급습을 해온 시경 형사들에게 검거되어 갔다. 외아들로서 남자 형제가 그립고 외로웠던 마음의 한구석이 그를 따랐던 것밖에는 아무 죄가 없던 오빠로서는 청천의 벽력이었다. 우리 집에서는 아무도 잠을 제대로 이룬 사람이 없으며 어머니가 발을 동동 구르며 안절부절하시었다. (줄임) 인민군이 쳐 내려오자 그는 안절부절하였다. 전향을 한 코뮤니스트는 영원히 설 자리가 없었는지 모른다.(손장순―잊혀지지 않은 사람)

여러분들은 이 글을 읽으며 뭔가 좀 허전함을 느꼈을 것이다. '안절부절하다' 가 어쩐지 좀 모자란 듯한 느낌 말이다. 거기에 '못' 자가 들어가 있었으면 꽉 차는 느낌을 받았을 텐데 '못' 자가 없으니 좀 허전한 느낌을 받으면서도 뜻은 통한다고 느꼈기 때문에 크게 거부감을 느끼지는 않고 다만 좀 이상하다는 느낌 정도만 받았을 것이다. 우리말에 이런 식으로 된 낱말들이 몇 있다. 즉 '못' 이나 '안' 이 들어 있거나 없거나 거의 같은 뜻으로 받아들이는 낱말들이 몇 있는 것이다. 예를 들어 보자.

홍이는 부엌에서 어줍은 손놀림으로 오지솥에 오골계라는 좀 괴상하게 생긴 닭을 넣고 물을 붓는다.(박경리―토지)

삼보는 더 참을 수가 없었다. 삼순이만 하더라도 곰배무당의 그 어줍잖은 꼬락서니가 아니꼬와서 아이를 보이지 않으려 하는 것이라 생각하니 당장 심술이 터질 것만 같은데 곰배무당은 똥딴지같이 또 시부렁거린다.(유주현―태양의 유산)

위의 두 예문에 나타난 '어줍다'와 '어줍잖다'는 모두 '언행이 시원스럽거나 자연스럽지 않고 서투르다'는 뜻을 가진 말이다. '어줍잖다'는 '어줍지 않다'가 변한 말인데도 '어줍다'와 같은 의미로 쓰인다는 것은 우리말의 불가사의한 면이라고 할 수 있다. 어쩌면 이 경우의 '안'은 거의 무의식적으로 쓰인 것인지도 모르겠다. 왜냐면 우리는 미련하고 서투르고 좋지 않은 것에는 주로 '안'을 붙이는 습성이 있었던 것으로 보이는데(하찮다, 촐찮다, 시원찮다, 대단찮다, 오죽잖다, 되잖다, 같잖다 따위) '어줍다'처럼 그 뜻에 이미 부정적인 말이 포함된 경우에까지도 거의 습관적으로 '안'을 붙이지 않았나 생각된다. 마치 오늘날의 언어 습관에서도 '동해바다'나 '뒷배경'처럼 뜻을 중복시키는 언어 습관이 남아 있듯이 말이다.

그러나 우리말에는 부정적인 방법으로만 쓰이는 말이 상당히 많이 있다. '온데간데없다', '너나할것없이', '밑도끝도없이', '의지가지없이', '헐수할수없다', '출면못하다', '옴쭉달싹못하다' 같은 것들은 반드시 부정적인 방법으로만 쓰인다. '온데간데있다'라든가 '너나할것있이'라든가, '밑도끝도있게'라는 식으로는 쓰이지 않는 말이다. '안절부절못하다'도 이처럼 부정적인 방법으로만 쓰이는 말임을 알았으면 좋겠다.

그 정도는 '어렵사리' 할 수 있다?

같은 일이라도 사람에 따라서는 손쉽게 해치우기도 하고 땀을 뻘뻘 흘리며 어렵게 겨우 해내기도 한다. 또 같은 정도의 힘을 들이지만 어떤 사람은 쉽게 했다고 생각하는데 비해 어떤 사람은 매우 어렵게 생각하기도 한다. 그것은 사람의 주관적인 생각이나 자기가 처한 형편에 따라 달라질 것이다. 예컨대 같은 아파트를 사더라도 부모가 반 대고 자기 전세금 보태고 거기에다 은행에서 좀 빌려 산 사람은 집을 어렵게 샀다고 하지 않을 것이다. 반면에 자기가 오랫동안 저축하고, 이사를 몇 번씩 다니고, 은행 문이 닳도록 구걸하다시피 융자를 얻고, 아파트 분양 신청을 수십 번 한 뒤에 겨우 사게 된 사람은 쉽게 샀다고 할 수 없고 매우 어렵게 샀다고 할 것이다. 이런 아파트가 보증을 잘못 서는 바람에 남의 손에 넘어가는 비극을 당했다면 앞의 사람은 그냥 '이번에 모처럼 마련한 아파트가 남에게 넘어가 이사를 한다'고 할 것이나, 뒤의 사람은 '어렵사리 마련한 아파트가 남에게 넘어가 이사를 한다'고 표현할 수 있을 것이다.

'어렵사리'라는 말 속에는 '매우 어렵게'라는 뜻이 들어 있으므로 그런 의미가 내포되어 있지 않은 일에는 이 말을 붙일 수 없다. 붙여서는 안 되는 것이다. 그런데 아래 예문은 그런 원칙을 벗어나 '어렵사리'의 뜻을 혼동시키고 있다.

지금이야 밭에 닥나무가 하나도 없지만 오륙십 년대까지는 닥나무야말로 농촌에서 가장 확실한 살림 밑천이어서 금나무라고까지 했다. 아버님은 밭 구석구석에 닥나무를 심으셨다. 보리를 갈 때도 일부러 거름을 많이 하곤 했다. 촘촘히, 무더기무더기 자란 닥나무 포기는 산비탈 기슭의 흘러내림을 방지해 주었을 뿐 아니라 보리를 갈고 나서 닥나무를 베어 껍질을 벗기면 그 껍질이 바로 현금이 되었다. 한 해 닥나무가 잘 되고 거기다 조금만 빚을 내어 보태면 논 한 마지기 정도는 어렵사리 살 수 있을 정도였다. 다른 것에 돈을 쓰지 않으면 말이다.(김용택—섬진강을 따라가며 보라)

한 해 닥나무가 잘 되고 거기다 조금만 빚을 내어 보태면 살 수 있는 논이라면 어렵사리 샀다고 할 수 없다. 위 예문의 마지막 부분을 아래의 예문과 비교해 보자.

한 해 닥나무가 잘 되고 거기다 조금만 빚을 내어 보태면 논 한 마지기 정도는 쉽사리 살 수 있을 정도였다. 다른 것에 돈을 쓰지 않으면 말이다.

어느 문장이 더 국어다운지 '쉽사리' 짐작할 수 있을 것이다. '어렵사리'는 말하는 사람이나 글 쓰는 사람이 이루는 일을 매우 어렵게 생각하는 경우에 쓰는 말이다. 따라서 만일 '어렵사리 살 수 있을 정도였다'는 말을 살리고 싶다면 앞 부분을 다음과 같이 바꾸어 주어야 한다.

 (그러나) 한 해 닥나무가 잘되더라도 거기다 빚을 더 내어 보태야 논 한 마지기 정도를 어렵사리 살 수 있을 정도였다. 다른 것에 돈을 쓰지 않는다는 전제 밑에서 말이다.

 하나의 낱말이라도 그 낱말이 어느 자리에 있을 만한지 이모저모 따지면서 제 자리에서 제대로 숨쉬도록 해야 할 것이다. 엉뚱한 곳에 넣어 놓으면 낱말도 죽고 글도 죽고 말도 죽게 된다. 낱말의 뜻을 제대로 이해하고 모든 낱말을 제 자리에 놓는 노력을 게을리 하지 않는 것이 말과 글을 배우는 우리들의 의무일 것이다.

낫 놓고 기역자를 외울 무식쟁이?

다른 사람이 다 이렇게 쓰는데 사기 혼자만 저렇게 쓰면 다른 사람들의 의식이 혼란스러워진다. 그런 것을 즐기는 사람이라면 모르거니와 글은 모름지기 어법에 맞게 쓰는 것이 기본이다. 언젠가 이런 의미의 글을 읽은 적이 있다. 그 글을 쓴 사람과 책을 기억하고 있었으나 막상 그 책을 아무리 훑어보아도 그 대목을 찾을 수 없어 여기에 정식으로 인용하지 못하는 것이 안타깝다. 하지만 내용은 이런 것이었다.

"그들은 낫 놓고 기역자를 외울 일자무식이라…."

기역자를 외울 수 없어서 옆에 낫을 두고 보면서 외워야 할 정도로 무식하다는 말을 하기 위해 쓴 말로 이해되는데 일자무식을 이런 식으로 표현하는 것은 그 사람만이 할 수 있는 괴팍한 글 솜씨라 하지 않을 수 없다. 우리 속담에 엄연히 있듯이 '낫 놓고 기역자도 모르는 일자무식' 이라면 누구나 쉽게 이해할 수 있는 말을 이렇게 비꼬아서 표현해야 했을까? 낱말의 뜻을 충실하게 반영하지 않고 제멋대로 낱말을 사용함으로써 뜻을 혼란시킨 글을 하나 소개해 본다.

봄이다. 자칫하면 서울 사람들은 수도권을 벗어난다. 대전의 유성까지도 내려가기 일쑤인데, 우선 대전에 내려서 찻집에 들어간다. 찻집에는 손님이 뜨음하다. 앉자마자 신문이란 신문이 다 놓인다. 신아일보 한국일보도 심지어는 현대경제일보까지도 있다.(고은―우리를 슬프게 하는 것들)

위의 글에서 "자칫하면 서울 사람들은 수도권을 벗어난다."는 표현이 참 이상하지 않는가? '자칫하면' 의 사전적인 뜻은 '까딱 잘못하면' 이다. 무엇을 조금만 잘못하면 어떻게 된다는 말을 할 때 '자칫하면'이라는 낱말을 쓰는 것이다. '자칫 잘못하면'이라는 말과 같은 뜻으로 쓴다. 하지만 위의 예문에서 쓰인 '자칫하면'은 '조금만 시간이 나면' 또는 '조그만 구실(또는 핑계)이라도 있으면'의 뜻으로 쓰인 것으로 보인다. 그런 뜻으로 쓸 수 있는 낱말로는 '언뜻하면' '걸핏하면' '툭하면' '쩍하면' 같은 말이 있다.

진력을 다하지 마시오

결국 나는 완전히 손들고 말았다. 오해를 풀어드리려고 얼마나 진력을 다했던가. 그러나 순이 삼촌은 완강한 패각의 껍데기를 뒤집어쓰고 꼼짝도 않고 막무가내로 우리를 오해하는 것이었다.(현기영—순이 삼촌)

위 문장 같은 것은 우리가 흔히 만나는 평이한 문장이다. 그러나 조금만 낱말의 의미를 생각하면서 글을 읽게 되면 곳곳에서 의미의 충돌에 부딪치게 된다.

첫째 부딪치는 것이 말의 중복이다. '진력을 다했다'는 말은 '힘을 다했다'는 말일 것인데, '진력(盡力)'이 이미 '힘을 다함'을 뜻하는 말이므로 '진력을 다했다'고 쓰는 것은 옳지 않고,

'진력했다' 또는 '진력을 했다'고 쓰는 것이 옳다. 그래야 이 사람이 '진력'의 뜻을 알고 있는 사람으로 인정을 받을 수 있다. '진력을 다했다'고 쓰면 '진력(盡力)'과 '력(力)'을 혼동하고 있는 사람이 될 뿐이다. 그러니 이젠 진력을 다하지 말고 그냥 힘을 다하기를 바라고, 꼭 유식하게 보이기 위해서 '진력'이라는 낱말을 쓰고 싶으면 그 뜻에 맞게 써야 할 것이다.

또 하나, '패각의 껍데기'가 무엇을 뜻할까? '패각(貝殼)'은 잘 아는 것처럼 '조개 껍데기' 곧, '조가비'를 의미하는 한자말이다. 그렇다면 '패각의 껍데기'는 무엇인가? 있지도 않은 사물을 가리키고 있음이 분명하다. 제대로 표현하려면 '패각(또는 조가비)을 뒤집어쓰고'라고 하든지, '패각 같은 껍데기, 또는 패각보다 단단한 껍데기를 뒤집어쓰고' 식으로 바꾸는 것이 마땅하다.

소설이나 시를 쓴다고 해서 낱말의 본질적인 뜻을 훼손하는 것은 옳지 못하다. 우리가 말과 글을 쓰면서 조금만 방심을 하게 되면 이렇듯 엉터리 문장을 쓰고 엉터리 말을 하는 잘못을 저지를 수 있다. 따라서 하나의 낱말이라도 그 뜻을 생각하면서 올바로 쓰는 습관을 들여야 할 것이다. 국어 공부의 핵심은 낱말의 뜻을 알고 그 뜻과 쓰임새에 맞게 쓰는 일이라고 생각한다.

참고로 '진력'은 '진력을 내다' 또는 '진력이 나다'처럼 쓰이어 싫증을 내거나 싫증이 남을 뜻한다. 특히 '진력이 나다'에는 '힘이 다 빠지다'는 뜻도 있다. 이 경우의 '진력'은 어떤 일을 하기 위해 적극적으로 모질게 쓰는 힘이 아니고, 그런 힘이 없어진 즉, 기진(氣盡)한 힘이다. 기진한 상태라면 힘 쓰기가 얼마나 싫겠는가? 그래서 '진력이 나게 일했다'고 하면 그렇게 열심히 일했다는 적극적인 의미의 말이 아니고, 그렇게 지긋지긋하게 일을 많이 했다는 부정적이고 소극적인 뜻이 된다. 다음과 같은 문장은 이 낱말을 제대로 알고 사용한 돋보이는 보기이다.

무던히도 기다렸으나 쇠돌 엄마는 오지 않았다. 하도 진력이 나서 하품을 하여 가며 정신없이 서 있노라니 왼편 언덕에서 사람 오는 발자취 소리가 들린다.(김유정—소나기)

7. 틀린지조차 몰랐던 말

어느 전문가의 실언 | 우리 나라 사람들은 우리말을 잘 못한다고 한다. 다른 나라 사람들이 우리 나라 사람들에게 하는 말이 아니라 우리 자신이 스스로 고백하고 있는 말이다. 방송을 하는 기자가 길 가는 사람에게 마이크를 들이밀며 무엇을 물어 보면 대부분의 사람들은 도망치기 바쁘고 어쩌다 대답하는 사람도 앞뒤가 맞지 않는 말로 이야기하기 십상이다. 주어와 동사가 제각각 따로 놀고 토씨가 엉뚱한 놈이 와서 붙는 등 말이 아니다. 언젠가 텔레비전에 방영된 프로그램에서 의젓하게 의자에 앉은 과학자 한 분이 기자의 물음에 이렇게 대답하는 것을 들었다.

"우리 나라에서 알맞은 동력 발전기이므로 우리 나라에서 어디나 설치할 수 있다고 생각합니다."

바람으로 전기를 일으키는 발전기를 우리 나라의 어느 곳에나 설치할 수 있다는 말을 하기 위해서 이 박사는 위와 같이 이야기했던 것이다. '에서'와 '에'의 토씨 쓰임새를 잘 몰랐거나 카메라 앞에서 긴장한 탓으로 그렇게 잘못 말하게 되었을 것으로 보이는데 이런 실수는 흔히 나타나는 것이다. 왜 이런 실수가 쉽게 일어나느냐는 우리가 국어를 배울 때 '알맞은'이 토씨 '에'와 어울린다는 사실을 규범으로 배운 바가 없이 막연히 말하는 가운데 익혔기 때문에 갑자기 쓰게 될 때에는 생각지 못한 혼란이 생기는 것이다.

마음을 잡수라니 | 며칠 전에 교육 방송 일본어 강좌 프로그램에서 어떤 대학 교수가 나와 일본어를 가르치면서 이런 말을 하는 것을 들었다.

"이제 마음을 푸근히 잡수시고 하나하나 배워 보시기 바랍니다."

이 교수는 시청자나 학생들에게 존칭을 한다는 생각으로 '마음을 잡수시고' 라고 표현했을 것이다. 요즘 웬만하면 상대를 높여 주는 것이 좋다고 해서 아무렇게나 높임말을 쓰게 된 현상이 급기야 대학 교수에게도 파급되어 '마음을 잡수다' 는 표현으로 나타난 것이리라.

이분은 '마음먹다' 의 '먹다' 부분을 '밥을 먹다' 의 '먹다' 와 같은 말로 생각하고 '먹다' 의 존칭이 '잡수다' 이니 '마음을 잡수시고' 하는 표현을 썼을 터이지만 이것은 국어를 몰라도 너무 모르는 사람의 생각인 것이다. '잡수다' 는 음식을 입을 통해서 몸에 받아들이는 행위인 '먹다' 의 존칭어이다. 하지만 '먹다' 에는 '음식을 몸에 받아들이다' 는 뜻만 있는 것이 아니고 '생각을 품거나 가지다' 는 뜻도 있어, '마음먹다' 는 '마음을 가지다' 는 뜻으로 쓰이는 낱말인데 이분은 단순하게 '먹다' 의 존대어는 무조건 '잡수다' 라고만 생각하고 만 것이다.

아마 이런 분이라면 '귀먹은 할아버지' 더러 '귀잡수신 할아버

120

지'라고 하고, '멋이 있는 분'을 '멋이 계신 분'이라고 하게 되지 않을까? 이분의 일본어 실력은 인정을 받을 만했기 때문에 텔레비전에 나와서 전국의 학생들을 가르치게 되었을 것이지만 한국어 실력은 젬병이라고 할 만하다. 일본어를 가르치는 교수는 국어에 대해서 이렇게 무식해도 되는 것인지 반성해 볼 일이고, 이런 교수를 계속 방송에 내보내서 우리 국민들의 언어 교육을 맡게 해도 되는지 생각해 볼 일이다.

마이크 앞에만 서면 나는 왜 작아지는가

우리 나라 사람들은 마이크 앞에 서면 이상하게 말이 잘 안 되는 모양이다. 나도 가끔 경험하지만 공식적으로 말을 하게 되면 긴장이 되어서 그런지 평소에는 거의 쓰지 않는 말이 자꾸 나오게 된다. 심하면 '금방 밥이 먹었다'는 식의 이상한 말도 하게 되는 나 자신을 발견하고 몹시 씁쓸한 입맛을 다시게 되는 경우가 있다. 그런데 어떤 경우에는 일부러 이상한 어법을 구사하여 듣는 이에게 권위를 내보이거나 윗사람에게 알랑방귀를 뀌는 사람들이 있는 것 같다. 박정희 시대 이후 하도 험한 세월을 살아오느라고 보신(保身)에 너무 신경을 쓰다 보니 그렇게 되었는지 모르겠으나 어쨌든 듣기 좋은 어법은 아니어서 몇 가지 지적해 두고 싶다.

새해 들어 민방위 교육을 한다고 하여 사람들이 새벽에 동네에 있는 초등 학교 운동장에 모이게 되었다. 강단에 서 있는 동 사무소 직원이 이런 말을 하는 것을 들었다.

"다음은 제 몇 통 대장 아무개 씨가 민방위 대원의 선서가 있 겠습니다."

아무개가 민방위 대원의 선서를 하겠다는 말을 그렇게 하였던 것이다. '참 이상한 말을 하는군' 하고 지나쳤는데 다음에 다시 동장의 교육 시간이 되자 여전히 아래와 같이 소개하는 것이었다.

"다음은 우리 ××동의 동장이시고 민방위 대장이신 ××× 동 장님께서 민방위 교육이 계시겠습니다."

이번에는 '있겠습니다'가 '계시겠습니다'로 바뀌었을 뿐 어법 은 그대로였다. 동장은 통 대장에 비해서 높기 때문에, 아니면 그의 직속 상관이기 때문에 특별히 높임말을 썼으려니 하고 생 각한다 하더라도, '아무개가 무엇이 있겠다'거나 '아무개가 무 엇이 계시겠다'는 식의 어법은 문제가 아닐 수 없다.
　나는 도대체 이 동사무소 직원은 '아무개가 무엇(말, 교육)을 한다'는 표현을 모르는 것일까, 혹시 '하다' 대신에 '있다'는 표 현을 하는 것으로 잘못 이해하고 있는 것은 아닐까 하는 의심을 품게 되었다. 그런데 최근 어느 국어학자의 출판 기념회에 갔더니 그곳의 사회를 맡은 교수 한 분도 동사무소 직원이 했던 것과 똑같은 표현을 하고 있었다.

"전 국립국어연구원장이셨고 현재 서울대학교 국어과 교수이신 ××× 선생님께서 축사가 계시겠습니다."

"연세대학교 부총장이신 ××× 선생님께서 나오셔서 축하의 말씀이 계시겠습니다."

거듭되는 이런 표현을 들으며 나는 이 표현이 한국 표준 표현으로 정착해 가고 있는 것은 아닌지 슬그머니 걱정을 하게 되었다. 많이 배운 사람이나 덜 배운 사람이나 모두 공식적인 자리에서는 이렇게 '아무개께서 말씀이 계시겠습니다' 처럼 해야 유식한 것으로 치부되고 있는 것인지. 혹시 이 글을 읽고 있는 독자 가운데도 이런 표현을 무심히 하고 있었다면 이 기회에 바로잡아 보기를 권한다. 제대로 된 표현은 아래와 같은 것이다.

"아무개 선생님께서 축하를 해 주시겠습니다."
"다음은 아무개 동장님의 축사 차례입니다."
"아무개 동장님의 민방위 교육이 있겠습니다."

'계시다'는 말은 어른이 어디에 자리하고 있음을 높이어 이르는 말이다. 따라서 '어른 자신'이 아닌 '어른의 말이나 어른의 행위'는 '계시다'라는 높임을 받을 수 있는 대상이 아니다. '선생님의 말씀이 있겠습니다'이거나, '선생님께서 말씀하시겠습니다'이거나 어느 하나를 택하는 것이 옳다. 우리 언어 생활이 이런 비참한 수준에서 벗어나려면 교육자들의 국어 교육에 대한 깊은 반성과 우리들의 국어 무식에 대한 깊은 반성이 모두 필요하다.

복과 축복 │ 나는 교회에 가서 기도를 하거나 남이 하는 기도를 들으면 언제나 '복'과 '축복'이 혼동되어 쓰이고 있는 것에 몹시 곤혹스럽다. '복'은 '행복'과 비슷한 뜻을 가지는 말이고 따라서 목사나 교인들이 복을 비는 것은 당연한 일이다. 그런데 그들이 하나님께 복을 달라고 비는 것이 아니라 축복해 달라고 비는 것이 못내 이상한 일이 아닐 수 없다.

"하나님 아버지 … 축복해 주시옵소서."
"우리를 불쌍히 여기셔서 … 한없는 축복을 내려 주시고…."

아마 대부분의 교인들은 이런 축복 기도를 듣거나 한 경험이 있을 것이다. '축복'이 무엇인가? 물론 '복을 비는 것'이 축복이다. 따라서 목사가 교인을 위해서 축복 기도를 하거나 교인이 제 복을 비는 기도인 축복 기도를 하는 것은 당연하다. 그런데 사람이 아닌 절대자인 하나님께 축복해 달라고 하거나 축복을 내려 달라고 비는 것은 무슨 뜻인가?

 '축복하다'는 말은 '복을 빌다'는 말이지 '복을 주다'는 말이 아니다. 그렇다면 절대자에게 '축복해 주시오' 하는 것은 '복을 빌어 주시오' 하고 기도하는 셈인데, 이건 아무래도 사리에 맞지 않다. 하나님 위에 더 힘센 절대자가 있어서 하나님더러 그 절대자가 나와 우리에게 복을 내리도록 빌어 달라고 하는 것이니 이 얼마나 불경스러운 기도인가? 복을 줄 수 있는 절대자에게 '복을 주소서' 하고 빌어야지 '축복해 주소서' 나 '축복을 내려 주소서' 하는 것은 옳지 않다.

헷갈리게 하는 신문 제목 | "돈주고 受任 변호사 처벌"이라는 제목의 기사가 조선일보에 제법 큰 글씨로 실렸다(2000년 6월 16일). 기사의 내용은 '변호사가 외근 사무장을 고용해서 돈을 주고 사건을 수임했다면 현행법으로도 처벌할 수 있다'는 것이었다. 다시 말하면 사건을 맡으려고 돈을 쓴 변호사를 처벌하겠다는 말이다. 그러나 위 제목을 본 사람들은 '돈을 주고 수임 변호사를 처벌' 하거나 하게 한다는 뜻으로 이해하기 십상이

다. 처벌을 하기 위해서 돈을 썼다는 뜻으로 받아들이기 쉽다는 말이다. 만일 기자가 '수임 변호사' 를 '수임한 변호사' 로 표기했다면 그런 오해는 생기지 않을 것이다. 여기서 '한' 이라는 접미어의 위력을 알 수 있을 것이다. 제목에 한 자라도 생략하고 그 대신에 글자를 키우려는 신문사의 고충을 모르는 바는 아니지만 어떤 일이 있어도 글이 되게 제목을 붙여야 한다는 대명제는 지켜야 할 것이다.

 같은 날 동아일보에는 "국민적 합의 토대로 정책결정 투명해야"라는 제목의 기사가 실려 있었다. 글의 내용으로 보면 '모든 정책을 국민적인 합의를 토대로 하여 투명하게 결정하여야 한다' 는 제목을 쓰려고 한 것 같았다. 그러나 위 제목은 문맥이 제대로 이루어진 제목이 되지 못하였다. '국민적 합의 토대로' 다음에는 무엇을 어떻게 하여야 된다는 문구, 곧 동사로 이루어진 술어가 와야지 형용사로 이루어진 술어가 오면 앞의 문구와 조화가 되지 않는다. '국민적 합의 토대로 정책 결정 투명히 해야' 정도로 고친다면 무리가 없을 것이다.

 한겨레신문에는 "우린 인민군포로 북에 보내달라"라는 제목의 기사가 사회면 머릿기사로 실렸다(2000년 9월 2일). 비전향 장기수가 북으로 가는 것을 보고 자기들은 인민군 포로로서 남쪽에 억류된 사람들이니 이제 마땅히 북으로 보내 주어야 한다는 주장을 한 것을 그대로 제목으로 인용한 것이다. 그런데 이 제목이 말이 안 되는 제목이 되어 있다. 두 문장을 아무 연결 고리 없이 그냥 한 문장으로 만들었기 때문이다. '우린 인민군포로이니 북에 보내달라'라고 하든지, '우린 인민군포로. 북에 보내달라'라고 하든지 태도를 분명히 했어야 하는데 무조건 글자 수를 줄이는 데 급급한 나머지 이런 묘한 제목을 만들어 내고 말았다.

같은 날 한국일보에는 "김우중씨 검찰 고발"이라는 제목의 기사가 첫 면에 실렸다. 김우중 씨가 검찰을 고발했다는 것인지, 검찰이 김우중 씨를 고발했다는 것인지, 또는 다른 사람이 김우중 씨와 검찰을 모두 고발했다는 것인지 모를 일이고, 또 누가 이 말을 했는지도 밝히지 않았다. 기사 내용을 읽어 보면 정부 한 위원회에 소속된 위원이 김우중 씨를 검찰에 고발할 것이라는 말을 한 대목이 나온다. 그렇다면 기사의 제목은 '누구의 말에 따르면 어느 기관이 김우중씨를 검찰에 고발할 계획임'을 밝히는 내용으로 정확하게 구성해야 했을 것이다.

중앙일보는 사회면 머릿기사로 "정부운영 한국대표 홈페이지 '국제망신' 시킨다"는 글을 실어 정부 기관을 매우 강하게 비난했다(2000년 5월 12일). 그런데 여기서 '국제망신시킨다'는 말이 무슨 뜻일까? '사람 망신시킨다', '부모 망신시킨다'는 말은 늘 하고 듣는다. 그런데 '국제망신시킨다'는 말은 무슨 뜻일까? 누가 '국제'를 망신시킨단 말인가? 그리고 '국제'란 무슨 말인가?

이 제목을 만든 기자는 '국가를 국제적으로 망신시킨다' 는 뜻으로 이렇게 줄여 쓰게 되었을 것이다. 하지만 이런 말은 결코 성립할 수 없는 말이다. 신문이 제목을 줄여 쓰기 위해서 엄청난 노력을 하는 것 같은데 그런 노력은 국어를 훼손하지 않고 어법을 지키는 선에서 이루어져야 되는 것이다. 우리 기자들이 자기 신문을 국민들이 하루하루 보면서 국어를 익히는 일종의 교과서로 삼고 있다는 자부심을 가지게 되기를 기대한다.

'박문수' 와 '방문수' | 우리 역사에서 훌륭한 암행 어사로서 민중으로부터 많은 사랑을 받은 '박문수' 라는 사람이 있다. 그의 성씨가 '박' 씨임이 분명하다. 하지만 우리는 언제나 그를 '방문수' 라고 한다. 그 사람뿐 아니라, 지금 박씨 성을 가진 많은 사람들이 '방' 씨로 불리고 있을 것이다. '박녹주' 가 '방녹주' 로, '박마리아' 가 '방마리아' 로 불리듯이. '박' 씨와 '방' 씨가 멀어도 보통 먼 것이 아닌데도, 성씨를 중요시하는 우리 사회에서 이렇게 자기 성이 잘못 불리는 것을 전혀 개의치 않는다. 국어의 소리내기 규정(닿소리이어바뀜)을 잘 알고 있어서 그럴까? 'ㄱ' 이 'ㄴ' 이나 'ㅁ' 앞에 오면 'ㅇ' 으로 바뀐다는 규정 말이다.

하지만 그런 규정은 한 낱말 안에서 적용되는 것이지 이렇게 중대한 성씨까지 바꿔 불러도 된다는 말은 아닐 것이다. 성이

'박'씨이면 분명히 '박'씨임을 알 수 있게 발음하는 것이 옳다. 그런데 부르는 사람이나 불리는 사람이나 그저 그러려니 하고 지나친다. 알다가도 모를 일이다. 이처럼 제 성씨도 제대로 찾아 먹지 못하던 사람들이 다른 나라 사람 이름이나 도시 이름을 조금 잘못 쓰면 무슨 큰 일이나 날 것처럼 호들갑이다. '모택동'인지 '마오쩌둥'인지, '와그너'인지 '바그너'인지, '랑군'인지 '랭군'인지 '양곤'인지 우리의 머리를 어지럽히는 것이다.

영어로 코를 고는 복부인

여기서 기왕 외래어 이야기가 나온 김에 한 마디 덧붙이고자 한다. 무더위가 한창 기승을 부린 어느 여름 날 등장한 시사 만화의 내용이다.

신문지 몇 장을 어지럽게 깔고, 돈이 들어 있는 핸드백은 신문지 위에 놓은 채, 베개가 낮아서인지 그 위에 또 팔베개를 하고, 옆으로 비스듬히 누워 자고 있는 몸집이 하마 같은 부인의 모습을 그린 만화다. 부인의 뒤에는 '土超稅(토초세)'라고 쓰인 선풍기가 부인을 깨우는 것처럼 바람을 일으키고 있고, 깔린 신문지에는 '經濟(경제)'라는 글이 적혀 있다. 법원이 토지초과이득세 부과에 관한 법률에 대해서 헌법에 맞지 않다는 결정을 내렸기 때문에 복부인이 긴 잠에서 깨어날 것이며 그렇게 되면 우리 경제는 또 복부인들의 치맛자락에 깔리게 될 것임을 암시하는 만화인 셈이다.

만화로서는 매우 시사적이어서 나무랄 데 없는데 문제는 이 복부인이 '영어로 코를 골고 있도록' 그렸다는 점에 있었다. 다 아는 바와 같이 우리 나라 사람들은 '콜콜', '쿨쿨' 등의 소리를 내면서 코를 곤다. 하지만 미국인이나 서양인들은 'ZZZ…' 하고 코를 고는 것 같다. 외국 만화를 보면 대게 그렇게 코를 고는 것으로 그려져 있으니 맞을 것이다. 그런데 우리의 만화가는 한국의 이름 있는 일간 신문에 우리 경제 만평을 그리면서 우리 복부인의 코에서 영어로 코를 골게 한 것이다. 한자와 영어는 있지만 우리 글자인 한글은 한 자도 들어 있지 않은 채 말이다. 우리가 외래 문화를 받아들이는 모습이 이 지경에 이른 것이다.

'독립선언서'와 '독립 선언서' | 종로 3가에 있는 탑골 공원 안에는 1919년에 독립을 선언했던 선언문 글귀가 새겨진 구리판이 있다. 거기에는 '독립선언서'라고 한자로 내리쓰기를 한 글이 새겨 있다. "오등은 자에 아 조선의 독립국임과…"로 시작되는 묘한 문장도 함께 한자로 적혀 있다. 옛날 사람들이 쓴 것이니 여기서 크게 탓할 생각은 없지만 이것을 우리 초등 학교 교과서에 옮겨 쓸 때는 좀 생각해 보아야 할 것이다.

'독립선언서'라고 하는 것보다는 '독립 선언서'라고 쓰는 것이 옳다. 물론 이를 좀더 우리말답게 '독립을 선언하는 글' 또는 '독립을 밝히는 글'이라고 쓴다면 더욱 좋을 것이다. '독립선언서'라고 쓰면 이 말이 한 낱말이 됨을 뜻하는데 그 뜻이 '독립선언서'와 달라지는 것은 아니다. 다시 말하면 '독립선언서'와 '독립 선언서'가 모두 '독립함을 밝히는 글'이라는 뜻 이상의 다른 뜻을 가지지 않는다는 것이다. 그렇다면 당연히 어법에 맞게 '독립'과 '선언서'를 각기 별개의 낱말로 이해할 수 있도록 띄어 쓰는 것이 말글살이를 잘 할 수 있는 바탕이 되는 것이다.

특히 여기서 주의해야 할 것은 '선언서'라는 낱말이다. 이 낱말은 '선언하는 글'이라는 뜻을 가지므로 자신이 동사와 명사를 함께 갖춘 묘한 낱말인 셈이다. 마치 남녀 두 기능을 함께 갖춘 사람처럼 말이다. 그러니 이 낱말 앞에 와서 합성되는 명사는 꼭 이 명사의 목적격 노릇을 하게 된다. '독립선언서'처럼 쓰게 되면 한 낱말에 타동사와 목적어 그리고 그것이 꾸며 주는 명사가 두루 섞여 있는 묘한 낱말이 된다. 우리가 한자말을 쓰더라도 우리말 어법에 맞게 쓰는 일에 소홀함이 없어야 할 것이다.

화무는 십일홍이오 │ 우리가 한창 나이 때는 우리 앞 세대들이 이런 노래를 곧잘 불렀다. "노세, 노세, 젊어서 놀아. 늙어지면 못 노나니. 화무는 십일홍이요, 달도 차면 기우나니라. 얼

시구…" 여기서 '화무는 십일홍이요' 가 참으로 기막힌 표현이다. 이 표현대로 본다면 '화무' 라는 꽃이 '십일홍' 이라고도 한다는 말 같기도 하고, '화무' 라는 사람 이름이 '십일홍' 이라고 생각되기도 한다.

한문 투의 말인 '화무십일홍(花無十日紅)' (이 말은 '열흘 동안 붉은 꽃은 없다' 는 뜻이다.)은 우리말 투로 바꾸어 읽는다면 '화는 무 십일 홍' 이라고 읽어야 할 것이며, 이를 다시 우리말로 옮긴다면 '열흘 피어 있는 꽃은 없다' 거나 '꽃은 열흘 붉지 않는다' 고 할 수 있을 것이다.

물론 여러분들은 이 말의 뜻을 잘 알고 있기 때문에 혼동을 일으키지는 않을 것으로 알지만, 우리의 말글살이가 이 정도의 수준에서 한자어 수렁에 빠져 있음을 나타내 주는 좋은 본보기가 될 것이다. 한자를 아는 사람이 한자를 안답시고 그냥 '화무십일홍' 이라고 쓰다 보니 한자를 잘 모르는 사람이 결국 이를 받아서 '화무는 십일홍이요' 라고 하게 된 것이 아니겠는가. 따라서 한자를 즐겨 쓰는 사람이라도 이런 말은 우리말 투로 바꾸어서 사용하는 최소한의 어학적인 소양을 갖추어야 될 것이다.

같은 보기로 세종 임금 때 지었다고 하는 '월인천강지곡' 을 많은 학생들이나 심지어 선생들까지 '월인천 강지곡' 처럼 말하는 것을 들었다. 다 아는 것처럼 이 말은 '달빛이 많은 강에 비추는 것을 노래한 것' 이라는 뜻이다. 따라서 '월인 천강지 곡' 이라고 해야 그 뜻이 조금이라도 이해될 수 있다. 하지만 이는 우리말투가 아니므로 '달이 강물을 비추는 곡' 또는 '강물에 비친 달의 노래' 쯤으로 옮겨 사용하는 것이 좋을 것이다.

어떤 이는 역사적인 노래 이름이니 그대로 불러야 한다고 할지 모르겠으나 한문을 사용하지 않는 우리 말글살이를 고려하지 않는 단순한 생각이라고 할 수 있다. 학술적으로 꼭 필요할 때는 원래의 이름을 사용하거나 괄호 안에 한자를 써 주는 것으로 문제를 해결하는 것이 우리의 일관된 말글살이에 도움이 될 것이다. 이와 같이 한문투 낱말을 우리말투로 바꿔 주는 일에 한문을 잘 아는 세대가 앞장서서 노력해야 할 것이다.

'견원지간'과 '뜨거운 감자' | 아옹다옹 늘 다투면서 지내는 두 사람 사이를 '견원지간'이라고 한다. 이미 잘 알겠지만 '견원지간'은 '개와 원숭이 사이'를 가리킨다. 중국 사람들은 개와 원숭이가 만나면 늘 으르렁거리며 서로 다툰 것으로 보았지만 우리는 '아옹다옹'이 가르키듯이 '고양이와 개'가 늘 다투는 것으로 보아왔다. 여기에서 '아옹'은 고양이 소리고 '다옹'은 개의 소리이다. 따라서 늘 다투는 두 사람의 관계는 '아옹다옹 관계'인 것이며 꼭 다투는 동물을 밝히고 싶으면 '고양이와 개의 관계'라고 하는 것이 우리 식이다. 여기서 '와' 나 '의'를

생략하려는 조급증은 버리는 것이 좋다.

 비슷한 예로 영어를 직역하면서 쓰고 있는 것으로 '뜨거운 감자' 라는 말이 있다. 중요하지만 서로 비켜 가고 싶어서 멀리하는 문제를 가리킬 때 쓰는 말이다. 이 말은 뜨거운 것을 싫어하는 미국인들의 식사 습성에서 만들어진 말로서 누구든지 먼저 입을 대는 사람이 손해를 입게 된다는 뜻이 담겨 있다. 하지만 우리는 뜨거운 감자를 호호 불면서 맛있게 먹을 수 있기 때문에 우리에게는 '뜨거운 감자' 가 전혀 고약하여 피하고 싶은 골칫거리가 될 수 없다. 우리가 만일 '뜨거운 감자' 를 지금처럼 직수입하여 쓰기 시작하면 언젠가는 '뜨거운 감자' 를 먹지 않게 되는 우스운 일이 벌어질지도 모를 일이다.

8. 알아 봤자 써먹을데 없는 한자말 공부

90년대 초 세계화 바람을 타면서부터 한자 교육을 강화하자는 운동이 한 신문에 의하여 시작되어 이제는 회사의 채용 시험에서도 한자 능력을 평가할 정도로 한자를 중시하게 되었다. 이 신문은 한자를 아는 것이 국제적인 교양인이 되는 길이고 중국이나 동남아 사람들과 무역을 쉽게 하는 지름길임을 대대적으로 선전하였다. 그리고 한자를 하루에 한 자씩이라도 배우자며 신문에 한자 공부를 하는 난을 만들어 지금까지 계속 한자를 소개하고 있고, 그런 일이 신문 판매량에 도움을 준다고 판단해서 그랬는지 다른 신문도 너도나도 그런 난을 만들어 한자 숙어나 고사성어를 소개하고 있다. 그러나 대부분의 신문이 한자 숙어와 고사성어를 원칙 없이 가르치고 있음을 발견했다. 신문의 한자 교육 방식에 어떤 문제가 있는지 그 문제점을 이제 하나하나 이야기하고자 한다.

누구더러 배우라는 것인가

여러 신문이 제시하고 있는 한자 숙어들을 보면 어떻게 이런 숙어나 고사성어를 알고 있었는지 감탄할 정도로 골동품에 가까운 것들을 잘도 소개하고 있다. 예를 들어 보자. 역린(逆鱗), 비육(髀肉), 좌단(左袒), 정훈(庭訓), 축록(逐鹿), 일자사(一字師), 일침견혈(一針見血), 일각천금(一刻千金), 집우이(執牛耳), 재고팔두(才高八斗), 기유차리

(豈有此理), 낙양지귀(洛陽紙貴) 등등.

나는 이런 숙어나 고사성어들이 나온 신문을 읽고서야 비로소 이 한자 고사성어들의 뜻을 알게 되었지만, 왜 이런 말들이 지금 우리가 알아야 할 한자어로서 제시되고 있는지 알 수 없다. 이런 한자 성어들이 우리 국어의 어느 부분에서 사용되고 있을까? 그리고 우리 가운데 어떤 사람들이 이런 한자어를 배워야 할까? 나처럼 한문으로 적힌 고전을 별로 읽어 보지 못한 나이배기들을 위한 것인지, 아니면 지금 대학에서 중국 고전을 배우는 학생들을 위한 것인지, 아니면 초등 학교에서 중·고등 학교에 이르기까지 한자 열풍이 불고 있는 교육 현장에서 이런 것까지 가르쳐야 된다고 해서 제시했는지, 그것도 아니면 우리 국민이면 당연히 이 정도의 한자어는 알고 있어야 된다고 해서 모든 국민들이 배우라고 하는 것인지. 최근 한 신문이 '신문으로 수업하기'를 권고하는 기사를 크게 실은 것을 보았는데 거기에는 이 신문에 나온 한자어를 초등 학생들에게 가르치는 한 초등 학교 선생의 이야기를 자랑스럽게 실은 것으로 보아 우리 초등 학생들에게 가르치는 한자 교육란인 것 같은 느낌을 받았지만, 만일 그렇다면 나는 그들에게 차라리 조선 시대의 한문 교육으로 되돌아가라고 권하고 싶다.

어떻게 써먹으라는 것인가 | 한자어를 소개하는 방법은 틀에 박힌 것처럼 그 말의 유래를 적고 그 뜻을 설명하고 한자의 생김새를 해설하고 획을 긋는 순서를 가르치는 것으로 끝난다. 우리는 이 난을 통해서 그 한자어가 중국의 어느 시대 어느 사람에 의해서 어떤 상황 아래서 쓰였음을 알게 되고 그것이 그 뒤로 어떤 뜻으로 쓰이게 되었음을 알게 되는 것이 전부인 셈이다. 그렇다면 이제 그 한자어를 써먹는 것은 독자들에게 주어진 과제인 셈인데, 그 과제가 만만치가 않다. 가르치는 사람은 그런 것이 있음을 가르치기만 하면 제 의무를 다한 것으로 생각할지도 모르지만 그것은 무책임한 선생이다. 제대로 된 선생이라면 그 말이 지금 우리가 어떻게 쓸 수 있는 것인지 가르쳐야 하고 자기가 그 용법을 손수 시범을 보일 수 있어야 하는 것이다. 그렇지 못한 한자어라면 그것은 화석화된 언어일 뿐 지금 우리 국민이 배워야 할 살아 있는 한자어는 아닌 것이다. 예를 들어 보자.

축록하는 정치인들? | '逐鹿(축록)'이란 한자어를 소개한 신문의 내용을 보면 이렇다. 먼저 글자의 새김과 소리를 가르친다. '쫓을 축(逐), 사슴 록(鹿)' 이런 식이다. 그리고 그 말의 유래를 소개한다. 물론 중국의 고사를 소개하는 것이다. 그 내용의 일부를 옮겨 보겠다.

(앞 부분 줄임) 그러나 거사는 수포로 돌아가 진희는 유방에 의해 참살(斬殺)되고 한신은 여후(呂后)와 소하(蕭何)의 꾐에 빠져 사로잡히게 되었다. 한신은 처형당하면서 말했다. "아 분하도다. 내가 괴통의 말을 들었던들…." 괴통은 그에게 수차례나 반란을 권유했던 자다. 진희를 토벌하고 돌아온 유방이 이 사실을 알고 즉시 괴통을 잡아오게 해 삶아 죽이게 했다. 그러자 괴통이 말했다. "저는 정말 억울합니다. 진(秦)이 사슴(中原)을 잃게 되자 온 천하가 그것을 쫓게 되었습니다. 저는 그때 한신만을 알았을 뿐입니다. 도척의 개가 요 임금을 보고 짖었다고 요가 어질지 않은 것도 아니요, 그 개가 잘못한 것도 아니지 않습니까." 마침내 유방은 그를 살려 주었다. 이때부터 鹿(사슴)은 '천자의 자리'를 뜻하게 되었으며, 逐鹿(축록)은 '천자의 지위를 다툰다'는 뜻으로 사용되었다.(중앙일보, 1995년 2월 3일)

아마 대부분의 독자들은 오늘날 우리가 '천자의 지위를 다툰다는 뜻'의 한자 숙어인 '逐鹿(축록)'을 왜 알아야 하는지를 이해하지 못할 것이다. 그것도 시시콜콜한 중국 고사를 알아야 이해할 수 있는 낱말을 말이다. 백 보를 양보하여 그것이 배울 만하다고 하고 그러면 이것을 우리가 우리 언어 생활에서 어떻게 사용할 수 있을까를 생각해 보자. '천자의 자리'는 지금의 '대통령'쯤으로 이해하고 정권을 잡기에 눈이 벌개진 정치인들을 '축록하는 정치인들'이라고 쓰라는 말일까? 아니면 역사에서 왕권을 장악하려고 일어났던 싸움을 '축록하기 위한 싸움'이라고 표현하자는 것일까? 이 한자어를 가르치려 한 사람은 이 점을 분명히 함께 가르쳤어야 할 것이다. 세계화를 부르짖으며 한자 공부를 시키는 이 시점에서 그 낱말이 과연 우리 시대에 어떻게 쓰일 수 있는지, 중국에서나 일본에서는 어떤 상황에서 이 말이 쓰이고 있는지를 밝혀 주어야 할 것이다.

무엇을 배우라는 것인지

한자어를 가르치는 방식도 너무 전근대적이다. 그들은 우리가 무엇을 알아야 하는지를 알지 못하고 아무것이나 자기가 알고 있는 것을 가르치기만 하면 된다고 믿는 것 같다. '咫尺(지척)'이라는 한자어를 설명하는 것을 여기에 소개해 보겠다.

시(尸)는 사람이 의자에 걸터앉은 모습에서 나온 글자다. 尿(오줌 뇨)는 앉아 있는데(尸) 물(水)이 나오는 모습이며 尾(꼬리 미)는 걸터앉은 사람의 등뒤로 털(毛) 장식이 삐져 나와 있는 모습이다. 더구나 손아랫사람을 모셔와 의자에 앉히고 제사를 올렸던 데서 유래한다. 지(咫)는 척(尺)과 지(只)의 결합이며 척(尺)은 의자에 앉은 채 팔을 등뒤로 내리 뻗은 모습이다. 손목부터 팔뚝까지의 길이를 척(尺)이라고 했는데 대체로 손가락 열 마디(10寸)쯤 되었다. 지(只)는 다시 구(口)와 팔

(八)의 결합인데 그것은 눈금(口) 8개(八)를 뜻한다. 고대 중국의 도량형 제도에 의하면 8촌(寸)이 1지(咫)였다. 그러니까 지척(咫尺)은 8촌~10촌으로 20~25cm쯤 되는 '짧은 길이'다. 그래서 '지척도 분간할 수 없다'는 짧은 거리조차 분간할 수 없음을 말한다.

4세기께 중국에 불교가 처음 들어왔을 때 인도의 고승들과 함께 불경을 번역했던 중국의 승려들은 의사 소통에 어려움이 많았다. 그 결과 마주앉아 있으면서도 서로가 생각하고 있는 뜻이 엄청난 차이를 보이곤 했다. 이처럼 뻔한 단어를 가지고도 뜻이 서로 통하지 않아 '지척이 천리'라는 말이 나오게 되었다.(중앙일보, 1995년 2월 12일)

내가 신문에 실린 글의 원문 모두를 그대로 인용한 것은 특별한 이유가 있어서이다. 나는 이 단편적인 글 속에서 우리 나라 지식인들의 '무책임성'을 지적해 보고자 한다. '지척'이란 말은 우리말에서 '매우 가까운 거리'를 뜻하는 말로 쓰이고 있다. 우리는 썩 가까운 곳에 있으면서도 오래 만나지 못한 경우를 빗대어 '지척이 천리'라는 말을 만들어 써 왔으며, 가까운 이웃이 먼 친척보다 낫다는 말과 비슷한 뜻으로 '지척의 원수가 천리의 벗보다 낫다'는 말도 만들어 쓰고 있다. 안개가 잔뜩 끼었거나 나무가 몹시 우거져 제 코앞을 분간할 수 없는 상황을 '지척을 분간할 수 없다'고 하기도 한다. 이 정도의 쓰임새로 미루어 본다면 '지척'의 뜻은 자연히 드러나게 될 것이고 '지척'이 어떻게 해서 '가까운 거리'를 의미하게 되었는지에 대해서는 '지(咫)와 척(尺)이 모두 한 자가 못 되는 길이를 가리키는 말'임을 알려 주면 '지척'에 대한 설명으로서는 충분하리라고 생각한다.

지척에서 오줌을 누나?

그런데 위 글은 '지척'이 우리말에서 어떻게 쓰이고 있는지에 대해서나, 현대 중국어에서 어떻게 쓰이고 있는지에 대해서는 거의 외면하고 단순히 그 글자 풀이에 대부분을 할애하고 있다. 마치 '나는 이 낱말에 대해서 이것까지 알고 있다'는 것을 뽐내듯이 말이다. 咫尺을 설명하는데 왜 오줌 누는 모습이 나와야 하며, 등뒤로 털 장식이 삐져 나와 있는 모습은 왜 나타나는가? 그리고 과연 우리가 그 한자 모양에서 그런 모습을 구체화할 수 있는가도 의문이다. 그런데도 사람이 의자에 걸터앉은 모습이라느니, 팔을 등뒤로 내리 뻗은 모양이라느니 하면서 어떤 의미를 부여하려는 것은 부질없는 장난일 뿐이다. 국민을 상대로 한자 자형학(字形學)을 강의할 작정이 아니라면 말이다.

그런데 그의 현학적인 한자어 설명에도 불구하고 그는 우리말 사용에 대해서는 무식하다 할 만큼 엉터리 국어를 구사하고 있음이 드러나고 있다. '손아랫사람을 모셔와'는 어느 나라 국어일까? 손아랫사람을 모셔오는 경우도 있는가? 그럼 손윗사람은 어떻게 할 작정일까? 또 '지척도 분간할 수 없다'는 말은 '짧은 거리조차 분간할 수 없음을 가리킨다'고 설명한 부분에서 '짧은 거리'란 어느 나라 말인가? 거리도 길고 짧다고 말하는가? 초등학생이라도 '길고 짧음'과 '멀고 가까움' 정도는 분별하여서 말할 수 있을 것인데 이분은 왜 이런 실수를 하였을까? 그러면서 한자어에 관한 한 그 글자의 구성 원리까지 국민이 알아야 한다고 생각하여 이렇게 장황하게 설명하는 것인가?

한자를 왜, 어떻게, 누구에게, 어느 정도까지 가르쳐야 되는지 도무지 생각하지 못하고 그저 한자를 가르쳐야 한다고 생각한 사람들이라 무작정 한자어를 가르치자니 방법이 묘연하게 되었다. 그래서 '에라 모르겠다. 옛날 이야기 하나 재미있게 해 주면서 덤으로 한자도 가르쳐 주면 독자들은 좋아하겠지' 하는 심사에서인지 어떤 신문은 아예 제목을 '이야기 한자 교실'이라 하여 아예 '이야기'를 강조하고 나섰다.

재고팔두? 그게 무슨 소리지! │ 才高八斗를 우리말로 읽은 소리이다. 들어서 그 뜻을 알 만한 사람도 많지 않겠지만 글을 보고도 알 만한 사람 역시 많지 않을 것이다. 그 설명을 들어 보면 이렇다.

'재주가 뛰어나 여덟 말이 된다.' 비유되어 재주가 몹시 뛰어난 사람을 가리킨다. 송나라 때 문헌인 "釋常談-八斗之材"에 "謝靈嘗曰 : 天下才有一石, 曹子建獨占八斗, 我得一斗, 天下共分一斗"(사령운이 일찍이 말했다 : 이 세상엔 재주가 한 섬이 있는데 조자건이 혼자서 여덟 말을 갖고 있고 내가 한 말을 갖고 있고 나머지 한 말을 세상 사람들이 나누어 갖고 있다.)라고 하여 曹子建 즉 曹植의 재주가 뛰어났음을 극찬하고 있다. 조식은 조조의 셋째 아들로 재주를 한 몸에 지녀 조조의 총애를 받았지만 형인 조비의 시기와 모함을 받기도 했다. 후일 조비가 왕위에 올라 동생을 모함하려 일곱 발자국 안에 시를 지으라 하여 조식이 형제애를 강조하는 칠보시를 지어 위기를 모면했다는 것은 유명한 일화이다.

<高> 고문자는 누각의 모양을 그리고 있다. 누각은 성이나 축대 위에서 가장 높게 눈에 띄는 곳이기 때문에 '높다'는 뜻을 갖게 되었다. 高價, 高低, 高麗. (조선일보, 이야기 한자 교실, 275회)

소개된 이야기로 보면 재주가 많은 사람을 여덟 말의 재주를 가진 사람이라고 하여 그렇게 숙어화한 모양인데, 우리 언어 감정으로 보면 한 섬 가운데 여덟 말은 많은 것이지 높은 것이 아니다. 중국 사람은 그것을 높다고 생각하고 있는지 모르나 우리는 결코 그것을 높다고 하지 않는다. 여덟 말의 재주를 재고(才高)라고 한 것은 어디까지나 중국식일 뿐이다. 중국에서 이루어

진 말이므로 그 말 자체를 시비할 생각은 없지만 우리가 그대로 쓰는 것은 (전문가들 사이에서라면 모르지만) 자제해야 할 것이다. 또 하나 '高' 가 누각의 모양이라고 했는데 도대체 높은 것은 누각밖에 없었는지도 의문이다. 물론 중국인들이 한자를 만들 때 누각의 모양을 본떠 만들어서 그 글자가 조금씩 다듬어진 결과 오늘날 우리가 보는 글자 모양을 갖추었겠지만 우리는 이미 만들어진 글자를 수입해서 쓰고 있으므로 거기서 누각의 모양을 생각하려는 노력은 하지 않는 것이 좋을 것이다. 그냥 그것이 '높다' 는 뜻을 가진 글자임을 알면 되는 것이다. 그리고 '高' 자가 쓰인 낱말 셋을 예시했는데 '高麗' 의 '高' 자는 '높음' 과는 전혀 관계가 없는, 우리말을 한자로 소리만 표기한 일종의 '한자 차용어' 라는 점을 알고 예시했는지도 궁금하다.

난의 향기를 듣는다

우리 나라가 세계에 내놓고 자랑하기를 머뭇거리지 않을 위대한 철학자 퇴계 이황의 시조에 이런 것이 있다. 옛말로 된 것을 오늘 말로 바꾸어 적는다.

유란(幽蘭)이 골짜기에 있으니 자연이 듣기 좋다.
백설(白雪)이 산에 있으니 자연이 보기 좋다.
이 가운데 저 한 미인(美人, 임금을 의미)을 더욱 잊지 못하겠다.

위 시조를 해설하면, '난이 그윽한 골짜기에 있으니 그 향기가 듣기 좋고, 흰 눈이 산을 덮고 있으니 그 모양 보기 좋다. 그러나 그것보다는 임금을 사모하는 마음이 더욱 크다.'는 정도의 의미라고 할 수 있다. 문제는 첫 구절에 나오는 '난의 향기가 듣기 좋다'는 말이 어느 나라 말이냐는 것이다. 우리말에서는 눈과 귀와 코가 하는 일이 확실하게 이름지어져 있다. 즉, 눈은 보는 일을 하고, 귀는 듣는 일을 하며, 코는 맡는 일을 한다. 눈으로 맡을 수 없고, 코로 들을 수 없으며, 귀로 볼 수 없다. 그가 초능력자가 아니라면 말이다. 그렇다면 퇴계 이황은 어떻게 '난의 냄새가 듣기 좋다.'고 하게 되었을까? 혹시 우리말의 예외적인 쓰임새에 '냄새를 듣는다'는 용법이 있기라도 한 것일까? 하지만 그것은 있을 수 없다. 냄새는 결코 듣는 물질이 아니라 맡는 물질이다. 만약 냄새를 듣는다고 한다면 말을 아직 덜 배운 사람의 말굳은 표현에 지나지 않는다. 그렇다면 당시 세계적인 성리학자였던 우리의 대 철학자가 아직 우리말을 제대로 할 줄 몰라서 범한 실수였을까? 이 의문을 푸는 실마리는 역시 한문에서 찾을 수 있다.

옛날 중국 사람들은 '문향십리(聞香十里)'라는 말을 자주 썼다. 이 말을 직역하면 '냄새가 십리까지 들린다'고 할 수 있고, 다시 의역하면 '(좋은) 냄새가 아주 멀리 퍼진다'는 뜻이다. 좋은 냄새(또는 평판)가 멀리까지 이르러 사람들이 알 수 있게 된다는 뜻을 나타낼 때 자주 인용되는 문구인 이 말을, 우리의 위

대한 철학자는 직역하여 '듣다'와 연결시키고 말았다. 그래서 '냄새가 듣기 좋다'는 해괴한 문장을 만들어 내고 만 것이다. 만일 이런 표현을 대학 입학 시험에 한 학생이 썼다면 몇 점을 받게 될까? 아마 그는 낙제의 고배를 마시지 않을 수 없게 될 것이다. 그런데 이런 식의 한문 직역 문장이 조선 시대에는 전혀 비난의 대상이 되지 않고 널리 사용되었다. 그리고 우리의 옛말 사전에는 당당하게 올림말로 올라와 있기까지 하다. 국어에 대한 무지와 무관심의 한 단면을 나타내 주는 것이 아닐 수 없다. 이제 이 시조를 교과서에 올리고자 하는 분들은 이 표현이 잘못된 표현임을 꼭 지적하여야 할 것이고, 그렇지 않으려면 아예 '듣기 좋다'를 '맡기 좋다'로 고쳐 실어야 할 것이다.

9. 우리는 왜 우리말을 발전시키지 못하는가

언어 편집증 │ 우리는 일찍부터 언어 편집증을 가졌던 것이 아닌가 하는 생각을 하게 된다. 왜냐하면 일찍부터 우리와 전혀 다른 언어 체계를 가진 중국어와 한자를 수용하면서 보인 우리의 태도가 지나치게 한쪽으로 치우쳤기 때문이다.

중국어와 중국 글자를 받아들일 초기에는 우리도 중국어를 외국어로 인식하고 그 가운데서 우리에게 필요한 어휘만을 어휘 단위로 받아들였고, 한자는 우리에게 글자가 없었기 때문에 우리말을 적는 연장으로서 받아들였다. 여기까지는 지극히 정상적으로 외래 문화를 수용하였다고 볼 수 있다.

그러나 중국과의 문물 교류가 늘어나면서 한국 사회는 중국화의 길을 걷게 되었다. 모든 문물이 중국의 것을 닮아 가고 모든 사회 제도가 중국의 것을 본받게 되었다. 언어도 여기에서 예외가 되지 못했다. 우리말에 부족한 부분을 외국어인 중국어에서 차용하여 쓰는 것에 그치지 않고 우리말을 중국어에서 수입한 한문으로 대체하기 시작한 것이다. 더구나 이 작업은 모든 시대에 걸쳐 꾸준히 계속되었다. 그래서 한문이 정부 문서에서 공용어의 자격을 굳건히 지킴으로써 모든 공식, 비공식 기록은 한문으로 이루어졌다. 이 과정에서 우리는 우리말을 아녀자나 배우지 못한 사람들이 사용하는 저급한 언어로 만들고 말았다. 또 글자인 한자도 우리말을 적는 데 충실하게 사용하지 않고 한자 중심으로 우리말을 개편하려는 태도를 취한 것이다. 그래서 한자로 표기하기 어려운 우리말을 한자어로 대체하거나 뜻과 상관없는 한자로 표기함으로써 우리말을 도태시켜 버렸다. 모든 언어생활을 한문과 한자 중심으로 바꾼 것이다. 이런 태도는 최근까지 지속되어 한자가 없으면 나라가 망하고 민족이 거덜날 것처럼 요란을 떠는 사람들이 많다. 이 사람들에게는 한자가 우주요, 한자가 진리며, 한자가 모든 것을 해결해 주는 해결사로 생각된다. 우리 민족에게는 이처럼 한자 편집증을 가진 사람들이 아직 많이 있다.

오랜 기간 한자 편집증을 가진 사람들에 의해 역사가 주도되어 오다 보니 우리말을 사랑하고 한글을 좋아하는 사람들은 한자 편집증에 걸린 사람들과 정반대의 위치에서 한자를 배격하게 되었다. 한자는 우리 글자가 아니니 배격해야 하고 우리말을 좀먹는 암 덩어리이니 절대 쓰면 안 된다는 생각이 많은 사람들에게 뿌리내리고 있다. 우리 언어에 이미 수많은 한자어가 들어와 있고 한자어를 한자로 쓰지 않을 때에 일어날 혼란이 적지 않을 터인데도 한자어를 한자로 적지 않고 한글로만 적으면 문제가 해결될 것처럼 단순하게 한자를 배격하는 사람들이 의외로 많다. 그래서 해방 이후 우리 문화계에서는 한글 전용이냐 한자 혼용이냐를 놓고 거센 논쟁이 벌어졌고 그 논쟁은 아직도 끝나지 않은 상태이다.

이런 와중에서도 대부분의 국민들은 용어나 이름을 한자어로 만드는 것을 당연하게 생각해 왔다. 최근에는 이런 현상이 영어 등 외국어로 바뀌고 있지만 얼마 전까지만 해도 모든 이름이나 용어는 한자어로 만들어 썼다. 그래서 중·고등 학교나 대학에서는 한자어로 된 용어만 배우면 공부가 끝나는 경우도 있다.

사빈의 배후에는 바람에 의하여 운반되어 퇴적된 약간 높은 모래 언덕인 해안 사구가 있다. 해안 사구에는 염분에 잘 견디는 각종 식생이 분포하며, 특히 해송으로 덮여 있어 멀리서 보아도 쉽게 알아볼 수 있다. 이들 소나무는 일종의 방사림(防沙林)으로, 농경지에 모래가 날려 오는 것을 방지하는 역할을 한다. 사구가 식생으로 덮이면 사구는 안정되고, 모래의 퇴적이 증가하여 점점 높아진다. 일반적으로 해수욕장의 각종 위락 시설은 해안 사구에 자리잡고 있다.(고등 학교 '지리' 교과서)

위 글에서 '사빈(沙濱)', '배후(背後)', '운반(運搬)', '퇴적(堆積)', '해안(海岸)', '사구(砂丘)', '염분(鹽分)', '각종(各種)', '식생(植生)', '분포(分布)', '해송(海松)', '방사림(防沙林)', '농경지(農耕地)', '방지(防止)', '역할(役割)', '증가(增加)', '해수욕장(海水浴場)', '위락 시설(慰樂施設)' 따위는 별로 중요하지 않는 용어이지만 한자를 알지 못하면 단어의 뜻과 형태를 연결하여 새삼스럽게 익혀야 하는 단어들이다. 그래서 한자 편집증이 있는 사람들은 모든 국민이 한자를 배워야 이런 단어를 쉽게 이해하여 공부를 잘할 수 있다고 주장하면서 한자를 배우라고 강요한다.

그러나 생각을 한 꺼풀만 더 깊이 한다면 이런 단어는 구태여 한자를 활용하여 만들 필요가 없는 것들임을 알 수 있다. 처음부터 한자를 사용하지 않고 우리말로 단어를 만들어도 전혀 문제가 되지 않을 것들을 구태여 한자를 사용하여 단어를 만들고 그것을 쉽게 익히려면 한자를 배워야 한다고 주장하는 것이다. 이런 악순환을 일으켜 국민들에게 불필요한 부담을 주는 지적 놀음은 한자 편집증을 가진 사람들이 일으킨 것으로서 이젠 그만두어야 할 일들이다.

한자 편집증을 가진 사람들과 이들을 배척하는 사람들이 싸우는 중에 언제부터인지 모르게 영어로 대표되는 서양어에 편집증을 가진 사람들이 대거 등장하여 한자어와 토박이말 대신에 영어나 서양어를 집중적으로 쓰기 시작하였다. 원래 영어나 서양어는 우리말 어휘처럼 다음절어이기 때문에 우리말에 들어와도 우리 어휘를 혼란시킬 염려는 별로 없다. 따라서 이들은 영어에 프랑스어나 스칸디나비아어, 그리스어가 그랬던 것처럼 국어의 어휘 숫자를 늘려 주는 긍정적인 면이 있다. 그런데 영어 편집증을 가진 사람들은 모든 것을 할 수만 있으면 모조리 영어로 표현하고자 한다. 그래서 신문이나 잡지 이름도 영어나 서양어를 써야 하고 심지어는 자기 이름도 서양식으로 바꾸어 부르고 있다.

우리는 왜 이렇게 언어에 대한 편집증을 버리지 못할까? 우리의 정신 속에 무엇이 부족하여 언어 생활을 정상적으로 하지 못하고 편집증을 가지고 한 언어에 매달리게 될까? 아무래도 우리는 좀 유별난 민족인 것 같다. 중국이 유력하면 중국으로 확 쏠리고, 미국이 좋으면 미국으로 확 쏠려서 제 정신을 못 차리는 것이 언어 편집증과 무관하지 않을 것이다.

우리말엔 왜 그렇게 지나치게 엄격한지

한자 몇 개를 가지고 새로운 한자어를 만들기는 매우 쉽다. 그것은 한자라는 글자가 새로운 말을 만들기 유용한 글자라고 볼 수 있지만 사실은 한자를 활용하여 새로운 언어를 만들어 내는 중국인의 탁월한 언어 능력 때문에 그렇게 인식된 것일 뿐이다. 반면에 우리는 토박이말을 가지고 새로운 말을 만들어 내기가 매우 어렵다는 점이 인정되면서 한자에 비하여 우리말의 조어력이 형편없다는 생각을 보편적으로 하게 되었다. 그러나 이는 우리가 가지고 있는 우리말에 대한 엉뚱한 편집증 때문에 우리가 조어 능력을 잃게 된 것이지 우리말에 조어 능력이 없는 것이 아님을 알아야 한다.

중국인들은 모든 한자를 명사와 동사 또는 형용사로 두루 쓴다. 동사로 쓰는 글자를 명사로 쓰면서 물건에도 붙이고 사람에게도 붙여 다양하게 활용한다. 예컨대 '新'은 본래 '새' 또는

'새로운'의 뜻을 기본으로 하는 형용사이다. 그러나 '새로', '새롭게' 같은 부사로도 쓰고, '처음', '새로움', '새 것', '새로운 일' 등의 뜻을 가진 명사로 쓰기도 하며, '새로워지다', '새롭게 하다', '새롭게 고치다' 등의 뜻을 가진 자동사와 타동사로도 쓴다. 이처럼 한 글자를 품사를 넘나들며 다양한 용도로 사용하기 때문에 이 낱말을 활용하여 다양한 새로운 단어를 만들어 낼 수 있게 된다.

이에 비하여 우리말 '새', '새로운'은 관형사, 형용사, 부사로 쓰일 때마다 모양을 바꾸지 않으면 안 된다. 관형사로 쓰일 때에는 '새', 형용사로 쓰일 때에는 '새롭다'로 바뀌며, 부사로 쓰일 때에는 '새로이'가 된다. 한국어가 고착어라는 성격 때문에 문법적인 기능을 하기 위해서는 뒤에 그런 기능을 하는 기능어나 형태소가 붙게 되는 것이다. 이 때문에 한 낱말이 다른 낱말과 어울려 새로운 단어를 만드는 데는 많은 제약이 따르게 된다. 한자의 신조어와 한국어의 신조어를 비교해 보자.

한자어	한국어
新語	새 말
新聞	새 소식
新婚	새 혼인
新出	새로 남

新進	새로 나옴
新入	새로 듦
更新	새로 고침
維新	새롭게 함
最新	가장 새로움

위에서 보는 바와 같이 한자어 '新'은 어디에 붙어도 자연스럽게 새로운 단어를 만들어 내는데, 우리말 '새'는 그 기능에 따라서 형태를 바꾸면서 문법적인 형태를 취하기 때문에 다른 말과 쉽게 어울려 새 단어를 만들지 못한다.

그러나 이것이 우리말의 본질적인 문제는 아니었다. 우리말도 접두사나 접미사가 있어서 새로운 단어를 만드는 데 유용하게 쓰이고 있고, 두 낱말이 어울리는 경우에도 꼭 문법적인 구조를 통해서 만나게 되었던 것은 아니다. 많은 새로운 낱말들이 형태소 간의 결합으로 생산되었다.

<예1>

접두사로 만든 새 낱말	접미사로 만든 새 낱말
풋고추	자랑스럽다
햇과일	둥그스름하다
치감다	악착빼기
짓밟다	피붙이

애호박   앉은뱅이
빗보다   점박이

<예2>

돌보다(돌+보), 감돌다(감+돌), 걷잡다(걷+잡),
쓰다듬다(쓸+다듬), 섞사귀다(섞+사귀), 검푸르다(검+푸르),
늦되다(늦+되), 얕보다(얕+보), 노라발갛다(노랗+발갛)

　〈예1〉에 든 낱말들은 접두사나 접미사를 이용하여 새로운 낱말을 만든 경우이다. 한자에서는 이런 접두사나 접미사를 별도로 두지 않고 모든 낱말을 때로는 접두사적으로 때로는 접미사적으로 쓰지만 우리말에는 이런 기능을 가진 형태소가 엄연히 있어서 새로운 말을 만들 때에 유용하게 쓰인다. 따라서 우리말 어휘를 늘리기 위해서는 접두사나 접미사를 다양하게 확보하여 이를 활용하는 것이 좋을 것이다. 한자어를 접두사나 접미사로 활용하는 경우가 많은 것도 우리말 조어 능력을 증대시키는 데 매우 좋은 방법이고, 가능하면 그 밖의 언어에서 접두사나 접미사로 활용할 만한 것들을 수용할 필요가 있다.
　〈예2〉에 든 낱말들은 모두 동사나 형용사 둘이 어울려서 만들어진 것들이다. 이것들은 문법적으로 생각한다면 마땅히 기능어를 동반하게 하여 아래 제시한 형태로 어울려야 하는 것이 원칙이다.

돌아 보다, 감아 돌다, 걷어 잡다,
쓸고 다듬다, 섞어 사귀다, 검고 푸르다
늦게 되다, 얕게 보다, 노랗고 발갛다

그러나 이렇게 쓴다면 새로운 단어라고 볼 수 없다. 그래서 기능어를 생략하고 〈예2〉처럼 형태소와 형태소가 직접 만나도록 하여 새로운 단어를 만들어 낸 것이다. 국어에도 이런 비문법적인 조어법이 있음을 안다면 우리가 이런 조어법을 활용하여 폭넓게 새 낱말을 만들어 내지 못한 무능을 탓할지언정 국어의 조어력을 탓할 일은 아니다.

이와 관련하여 얼마 전에 벌어진 '먹거리' 논쟁은 우리가 깊이 생각해 보아야 할 일이다. 어떤 분이 '음식(飮食)'은 한자어이니 우리말로 '먹거리'를 쓰자고 제안한 바 있다. 이에 대하여 일부 국어학자를 비롯한 상당히 유식한 분들이 '먹거리'는 조어법에 맞지 않으므로 '먹을 거리'로 써야 한다고 주장하였다. 그래서 '먹거리'는 일부 사람들에게만 쓰이는 단어로 한정되었고 국어사전에는 아직 오르지 못하고 있다. 이 논쟁을 검토하면서 우리가 우리말에 얼마나 불필요하게 엄격한 잣대를 휘두르고 있는지 검토하고자 한다.

'먹거리'가 틀린 말이고 '먹을 거리'로 써야 옳다고 주장하는 사람들은 흔히 이런 예를 든다. '쓸 거리', '마실 거리', '싸울 거리', '볼 거리', '입을 거리' 처럼 동사는 관형사형 어미 '-ㄹ/-을' 없이 어간이 곧바로 명사에 붙으면 안 된다는 것이다. 우리말은 교착어이기 때문에 동사나 형용사의 어간은 반드시 어미의 활용을 통해서 문법적인 기능을 하게 된다. 따라서 위의 주장은 타당하다. 그러나 이 이론은 어디까지나 통사론에서 통용되는 이론이지 조어법에서 통용되어야 하는 이론은 아니다.

 일반적인 통사적 이론으로는 새로운 단어를 만들기가 매우 어렵다. 예컨대 '막는 것'이라는 통사적인 언어로는 어느 특정한 것에만 사용되는 '막는 것'을 가리키기가 어렵다. 물을 막는 것도 '막는 것'이고 사람을 막는 것도 '막는 것'이기 때문이다. 이런 경우에는 비통사적인 방법으로 새로운 형태의 말을 만들어서 특정한 개념을 대변하게 만드는 것이 조어법인 것이다. '마개'가 그러하다. 동사의 어간 '막'에 특별한 형태소 '애'를 붙여 엉뚱하게 '마개'라는 새로운 말을 만들어 내는 것이다. 같은 원리에 의하여 '집는 것'은 '집게', '베는 것'은 '베개'라는 낱말을 새로 형성해 낼 수 있다. 어간에 무언가 새로운 형태소를 붙임으로써 새로운 낱말을 만들어 내는 비통사적인 조어법인 셈이다.

 새로 만들어진 낱말이 통사적인 조어법에 맞는지 안 맞는지를 따지는 것은 무의미하다. 국어같이 다음절어이면서 교착어인 언어는 통사적인 조어법만을 고집한다면 새로운 낱말을 거의 만들어 내지 못하고 말 것이다. 영어에서 'computer'와 'utopia'를 합성하여 'computopia'라는 말을 만들어 내는 것도 비통사적인 조어법이다. 어떤 두 요소를 조합하여 만든 새로운 낱말은 그것이 통사적인 조어법에 맞는지 안 맞는지를 가지고 시비할 대상이 아니다. 오직 그것을 만든 요소들이 일정한 뜻을 드러내는 형태소인가 아닌가, 그리고 그 낱말이 그런 형태소에서 우러나는 의미를 대변하여 새로운 개념으로 독립할 수 있는가 없는가를 판단해야 한다.

이런 점에서 '먹거리'는 하나의 훌륭한 낱말로 인정받을 수 있다. '먹거리'의 '먹'은 '먹다'라는 의미를 품고 있고, '거리'는 재료의 뜻을 품고 있다. 그리고 이 낱말이 '먹고 마실 만한 사물' 곧 '음식'의 뜻으로 쓰인다면 한 낱말로서 성립하는 데 아무 문제가 없는 것이다. 단순히 '먹을 거리'의 뜻으로 '먹거리'라고 쓴다면 '먹을 거리'의 준말로 이해할 수도 있다. 이런 시도를 통사적이어야 한다는 엄격한 잣대를 가지고 비난하는 것은 옳지 못하다.

나의 이런 주장에 대하여 '먹거리'를 옳지 않다고 주장하는 사람들은 "그렇다면 '입을 거리'를 '입거리'로 '묶을 거리'는 '묶거리'로, '씻을 거리'는 '씻거리'로 써도 된다는 말이냐?"라고 반문할 수 있다. 이런 반문을 하는 사람은 낱말의 생성을 규범적으로만 보려는 잘못된 생각을 가진 사람이다. 낱말은 결코 일정한 틀에 따라서 규칙적으로만 생성되는 것은 아니다. '먹을 거리' 대신에 '먹거리'가 필요하다고 생각되고 그것이 사람들에게 인정되었을 때에 '먹거리'가 한 단어로서 생성되는 것이다. 따라서 '입거리', '묶거리', '씻거리' 같은 말은 아직 아무도 쓴 일이 없고 그것을 쓰자고 주장한 사람도 없다. 그런데 이를 섣불리 예로 드는 것은 잘못이다. 국어학자들은 '먹거리'가 통용되는 과정과 현실을 면밀히 보고 생성이 완료되었다고 판단되면 우리말 어휘로서 국어 사전에 올리도록 해야 할 것이고 아직 생성이 끝나지 않았다고 판단되면 조용히 지켜볼 일이지 섣불리 조어법이라는 잣대를 가지고 낱말의 생성에 개입해서는 안 될 것이다.

국어 낱말에는 조어법으로 설명할 수 없는 단어들이 수없이 많이 있다. '하염없다'는 '하다'에서 생성된 말이고, '보암직하다'는 '보다'에서 생성된 말이며, '알음알이'는 '알다'에서 생성된 말이고, '노름'과 '놀음놀이'는 모두 '놀다'에서 생성된 말이며, '무덤'은 '묻다'에서 생성된 말이다. 각 낱말은 그 낱말에 특유한 이유 때문에 보편적인 조어법과 다른 형태로 고정된 것이다. 이런 점을 인식한다면 새로운 낱말이 등장하였을 때에 이것을 이미 확립된 조어법으로 재단하는 것은 극히 위험한 일이고 특히 통사론으로 신조어를 재단하는 것은 언어 도단이라는 점을 알아주었으면 좋겠다.

우리 학자들이 우리말에 대하여서만 유독 엄격한 잣대를 들이대고 시비를 거는 것에 대해 필자가 강조하는 이유는 그들이 한자어나 외래어에 대해서는 그런 잣대를 사용하지 않기 때문이다. 특히 우리가 쓰고 있는 수많은 한자어는 엄격하게 말하면 성립할 수 없는 한자어가 많다. 예컨대 '弟子'는 '아우의 아들'이거나 '아우와 아들'이어야 하고, '妹兄'은 '누이의 언니'이거나 '누이와 언니'이어야 한다. 그러나 이런 한자어는 전혀 다른 개념으로 사용되고 있다. 또 '立會'는 '서서 모임'이거나 '서는 모임'이어야 하고, '步合'은 '걸음과 합침'이거나 '걸어서 합침'의 뜻이어야 한다. 그런데 이 단어들은 각 한자어의 뜻과 전혀 상관없는 뜻으로 새로운 개념을 형성하였다. 왜 이런 단어에는 엄격한 조어법을 적용하지 않는가? 우리말에만 불필요하게 엄격한 잣대를 만들어 우리말의 발전과 생성에 걸림돌이 되는 일을 하는 것은 아닌지 되돌아볼 필요가 있다. 오히려 지금은 적극적으로 새로운 말을 생성하는 능력을 북돋아 주는 것이 중요한 때라고 생각한다.

낮은 언어 능력 때문인가 | 우리 언어 생활 가운데서 좀처럼 이해하기 어려운 대목이 있다. 단어의 뜻이나 어법이나 여러 상황으로 볼 때 도저히 그렇게 쓸 수 없을 것 같은데도 그냥 그렇게 쓰거나 때로는 그렇게 쓰면 안 되는 줄 알면서도 습관적으로 그렇게 쓰는 경우가 적지 않다. 가장 현저한 것 몇 가지를

검토하면서 우리 언어 인식의 문제점을 생각해 보기로 한다.

독불장군(獨不將軍)이라는 말이 있다. 이 말은 대부분의 국어 사전에 명사로 올라 있는데 대체로 세 가지의 뜻으로 설명되어 있다. 첫째는 '남의 의견은 묵살하고 저 혼자 모든 일을 처리하는 사람'을 뜻하는 말이고, 둘째는 '따돌림을 받는 사람' 곧 '외돌토리'를 뜻하는 말이고, 셋째는 '혼자의 힘으로는 할 수 없으니 남과 협조하여야 한다'라는 뜻을 나타내는 말이 그것이다.

그렇다면 '독불장군(獨不將軍)'의 본래 뜻은 무엇일까? 이 말은 한자를 조합하여 만든 것이므로 일차적으로 한자의 뜻에서 이 말의 뜻을 유추해야 할 것이다. '獨不將軍'의 글자적인 뜻은 '혼자는 장군이 아니다'는 뜻을 갖는 말이다. 부하를 갖지 못한 사람은 장군이 아니라는 뜻이다. 이런 본래의 뜻에서 '혼자 잘난 척해 보아도 다른 사람이 도와 주지 않으면 지도자가 될 수 없다'는 뜻으로 의미 확장이 되었고, 끝내는 '다른 사람의 의견을 듣지 않고 저 혼자 모든 일을 처리하는 사람'이나 '혼자 잘난 척하다가 외토리가 된 사람'까지 가리키게 되었다.

그러나 만일 사람들이 한자어를 제대로 알고 있었다면 '獨不將軍'이 '무슨 장군' 또는 '무슨 사람'을 가리키는 명사가 되지는 못했을 것이다. '不'이 '아니다'는 뜻의 술어 기능을 하고 있기 때문에 '혼자는 장군이 아님'의 뜻 이외에는 가질 수 없다. 이 말이 '무슨 장군', '무슨 사람'으로 쓰이려면 '將軍' 앞에 쓰인 '獨不'이 어떤 성질을 나타내는 관형사로 인정되어야 한다. 그리고 '獨不'이 관형사가 되려면 '혼자 아닌'의 뜻이 되어야 한다. 그렇게 되면 '獨不將軍'은 '혼자 아닌 장군'의 의미를 가질 수 있다. 그런데 지금 우리가 쓰고 있는 '獨不將軍'은 그런 뜻이 아니다. 따라서 우리는 '獨不'을 관형사로 인정하고 있지 않다.

'獨不將軍'을 '남의 말을 듣지 않고 저 혼자 모든 일을 처리하는 사람'으로 쓰거나 '따돌림을 받는 사람'으로 쓰게 된 이유는 사람들이 '獨不將軍'의 '不'자를 무시하였기 때문이다. 엄연한 '不'자를 무시하지 않고는 그런 뜻으로 이 말을 쓸 수 없다. 여기서 우리의 언어 인식이 꽤 저급한 수준에 있음을 알 수 있게 된다. 위와 같은 두 가지의 뜻으로 어떤 단어를 쓰려면 '獨不將軍'에서 '不'자를 떼어내고 '獨將軍'으로 쓰든지 '獨獨將軍'으로 쓰든지 해야지 엄연히 '不'자가 있는데도 이를 무시하고 '獨不將軍'을 외돌토리 또는 전제자(專制者)의 뜻으로 쓰는 것은 비합리적인 언어 인식을 전제로 하지 않고는 일어날 수 없는 일이다.

검찰청과 교육 기관이 주도하여 어린이들의 등하교를 안전하게 지켜 주기 위한 운동을 벌이고 있는데 이 운동의 이름이 '자녀 안심하고 학교 보내기 운동'이다. '무엇 하기 운동'은 무엇을 하는 것이 바람직하기 때문에 다른 사람을 권유하여 함께 그렇게 하자는 뜻을 갖는 말이다. '나무 한 그루 심기 운동', '승용차 함께 타기 운동', '쓰레기 줍기 운동' 등이 정상적인 어법으로 된 말들이다. 그런데 '자녀 안심하고 학교 보내기 운동'은 좀 이상하지 않은가? 학부모들이 자녀를 안심하고 학교에 보낼 수 없기 때문에 학교 주변을 정비하여 안심하고 학교에 보낼 수 있도록 하자는 취지의 운동이 어떻게 '자녀 안심하고 학교 보내기 운동'이 될 수 있겠는가? 어디엔가 자녀를 안심하고 학교에 보내지 않으려고 하는 사람이 많이 있어서 그렇게 하자고 권한단 말인가? 정상적인 언어 인식을 가진 사람은 이 말이 잘못 되어 있음을 금방 알아차릴 것이다. '자녀 안심하고 학교에 보낼 수 있게 하기 운동'이 제격이다. 사실이 이런데도 이 운동을 하고 있는 사람들은 '자녀 안심하고 학교 보내기 운동'을 하고 있다.

요즘은 어디서나 들을 수 있는 인사로 '좋은 하루 되세요'라는 것이 있다. 백화점을 가도 듣게 되고, 전화를 해도 그쪽 아가씨가 상냥한 말씨로 이렇게 인사를 한다. 이와 같은 부류의 인사로 '즐거운 하루 되세요', '즐거운 여행 되세요', '좋은 시간 되세요', '즐거운 밤 되세요' 등등 헤아리기 어려울 정도로 다양한 '되세요' 인사법이 있다. 조금만 지각이 있는 사람이라면 상대에게 '무엇이 되세요'라는 인사를 가볍게 하지는 않을 것이고 더욱이 사람더러 '하루'가 되고, '여행'이 되고, '시간'이 되고, '밤'이 되라는 결례를 저지르지는 않을 것인데 이런 인사를 좋은 인사라고 여기고 아무에게나 남발하고 있다. '좋은 사람 되세요'와 '좋은 시간 되세요'를 같은 구조로 인식할 만큼 우리 언어 인식은 아직 낮은 수준에서 맴돌고 있는 것이다. 또 '생각되어진다' 같은 이중 피동형 어휘를 사용하거나 '다시 되돌아왔다'처럼 뜻이 중복되는 표현을 사용하는 경우가 부쩍 늘고 있는 것도 우리의 언어 인식이 점점 더 낮은 수준으로 떨어지고 있음을 나타내는 증거라고 볼 수 있다.

얼마 전에 신문의 의견란에 '안전 사고(安全事故)'라는 말이 잘못이라고 지적한 사람이 있었다. 그 이유는 '안전 사고'란 '안전한 사고'가 되는데 어떻게 '안전'과 '사고'가 함께 쓰일 수 있겠느냐는 것이었다. 이에 대해 다른 사람이 반론을 제기하였다. '안전 사고'란 '안전을 지키지 않아서 생긴 사고'라는 뜻으로 쓴다면 문제가 되지 않는다는 것이다. 여기에 덧붙여 반론자는 우리가 흔히 쓰는 '피로 회복제'란 말도 엄밀하게 말하면 '피로 제거제'이지 '피로를 회복하는 약'이 아니지만 많은 사람들이 '피로 회복제'라는 말을 그대로 쓰는 것은 언어 관습으로 용인되는 것이 아니겠느냐고 했다. 이 논쟁을 보면서 나는 야릇한 상념에 빠져들게 되었다.

'안전 수칙을 지키지 않아서 일어난 사고'의 뜻으로 '안전 사고'라는 말을 쓸 수 있을까 하는 것이 우선 떠오르는 의문이었다. '강물이나 길바닥에 떨어져서 난 사고'는 '추락 사고'이고,

'부딪쳐서 일어난 사고'는 '충돌 사고'이고, '뒤집혀서 일어난 사고'는 '전복 사고'라고 한다. 대체로 사고는 무엇을 함으로써 일어나는 것을 가리키는 것이다. 그렇다면 '안전 사고'는 '안전 때문에 일어난 사고', '안전해서 일어난 사고'의 뜻을 가지게 된다. 처음 독자가 문제를 제기한 것은 이런 맥락에서 당연한 지적이었다. 그런데 이에 반론을 제기한 독자는 구태여 '안전을 지키지 않아서 일어난 사고'를 안전 사고로 보아도 무방하다고 했다. 그리고 현재 '안전 사고'는 부주의해서 안전 수칙을 지키지 않아 일어난 사고를 가리키는 용어로 쓰이고 있다. 이런 사고를 자연스럽게 '부주의 사고'라고 이름 붙이지 않고 구태여 어법상으로 문제의 소지가 있는 '안전 사고'라고 한 것은 '안전 제일'이라는 슬로건처럼 '안전'을 강조하기 위한 배려가 있었을 것이다.

　마찬가지로 '피로 회복제'란 전혀 말이 되지 않는 말이 엄연히 통용되게 된 것은 '피로를 없애고 원기를 회복해 주는 약제'라는 이미지를 극대화하기 위한 발상에서 '피로 회복제'라는 이름을 붙였고 사람들도 그렇게 인정해서 폭넓게 쓰이게 되었을 것이다. 사람들이 피로할 때 이 약제를 찾게 된다는 점이 약을 만든 사람이나 약을 찾는 사람이나 쉽게 '피로 회복제'라는 이름을 받아들이게 된 이유가 아닐까 생각해 본다. 이렇게 보면, 말이 되지 않는 말도 적당한 구실을 붙여 이해하면 말로서 우리 사회에 쉽게 통용될 수 있다는 생각을 하게 된다. 이런 것도 우리의 언어 인식이 아직 낮은 차원에 있기 때문에 가능한 일이라고 할 수 있다.

우리의 낮은 언어 수준을 나타내는 것으로 개념을 정확하게 구별하여 쓰지 않는 습관도 빼 놓을 수 없다. 많은 사람들이 책을 통해서나 말을 통해서 '다르다'와 '틀리다'가 서로 다른 말임을 배워 왔다. 그러나 지금도 방송의 아나운서, 기자, 사회자 등 출연자 대부분이 '다르다'고 해야 할 자리에 '틀리다'를 쓴다. 같지 않으면 다른 것이고 맞지 않으면 틀린 것인데 같지 않은 것을 틀리다고 하는 것이 문제이다. '내 생각은 너와 틀려'라고 말하는 것은 틀린 것이고 '내 생각은 너와 달라'라고 해야 맞는 말이다.

최근에는 '파장(波長)'과 '파문(波紋)'을 혼동해서 쓰는 일이 급격하게 늘고 있다. 주로 신문이나 방송 기자들이 잘못 쓰기 시작한 것인데 이제는 일반인까지 혼동해서 쓰게 되었다. '파장'(波長)은 말 그대로 '파(波)의 길이'를 뜻하는 말이다. 전파(電波)나 음파(音波)를 잴 때에 한 마루에서 다음 마루까지 또는 한 골에서 다음 골까지의 길이를 가리키는 말이다. 물리학에서는 '파장이 얼마다'거나 '파장이 길다'는 식으로 사용되는 말이다. 그런데 이 말을 신문이나 방송에서는 '정계에 적지 않은 파장을 던지고 있다'라고 하거나 '아시아권 국가들의 파장이 예상된다' 라는 식으로 쓰고 있다. 파문이 너무 식상해서 파장을 쓰는지 모르겠으나 파문 대신에 파장을 쓰는 사람들은 언어 인식 수준이 아직 낮은 사람이라는 평가를 면할 수는 없을 것이다.

우리의 언어 인식 능력을 의심하게 하는 것들이 또 있다. '역전(驛前)'을 굳이 '역전 앞'이라고 하거나 '古木'을 굳이 '고목나무'라고 하는 습관에서 보듯이 단어의 개념을 확정하지 못하고 비슷한 단어를 묶어 하나의 개념으로 인식하려는 의식이 우리 머릿속에 자리잡고 있는 것이 분명하다. '뒷배경', '하루 종일', '다시 재계약', '그대로 답습하고', '해묵은 숙원', '신당 창당', '흘러드는 유입량', '입증해야 하는 거증 책임', '잃는 손실', '곧바로 직행했다', '나를 이겨내는 극기 정신', '남긴 유산', '독자 노선의 길을 가든지', '먼저 선수를 쳐', '따뜻한 온정', '뒷덜미', '예향의 고장', '함께 첨부하여', '새로운 신제품', '흰 소복을 입고', '밤새 철야 조사', '근거 없는 루머', '과반수 넘는', '어려운 난국' 등 이런 종류의 언어 사용 습관은 이루 헤아릴 수 없다.

이밖에도 우리 신문이나 방송을 보면 우리 언어 인식 수준이 낮은 상태임을 나타내 주는 것들이 널려 있다. '누구에게 한국 방문을 초청했다', '도루 부문 단독 1위에 질주했다', '낭비하고 있다는 지적이 제기됐다', '남편의 아버지를 죽이려고', '사람의 목숨을 담보로 극한 투쟁을 벌인다', '누(累)를 회복하기가 어렵다', '공 하나하나에 혼신을 쏟아 붓고' 등등 언어 인식이 낮은 사람들이 쓰는 잘못된 말과 글이 지금 우리 방송과 신문에 난무하고 있다. 이런 잘못이 다반사로 벌어지고 있는데 어찌 우리가 스스로 언어 능력이 낮은 민족이라고 한탄하지 않을 수 있을까?

우리의 언어 능력을 형성시킨 몇 가지 배경 | 우리 민족은 왜 이렇게 언어 능력이 낮을까? 천부적으로 언어 능력이 낮은 것일까 아니면 언어 교육이 제대로 되지 않아서 능력이 향상되지 못한 것일까? 천부적으로 언어 능력이 낮은 것을 증명할 방법이 현실적으로는 없기 때문에 이에 대해서는 뭐라 말할 수 없다. 따라서 후천적으로 언어 능력이 감소되었음직한 이유를 들어 우리의 언어 능력이 낮은 수준에 이르게 된 원인을 좀 생각해 보려 한다.

  사람이 가진 능력은 하면 할수록 늘게 되어 있다. 물론 사람뿐만 아니라 모든 동식물도 마찬가지이다. 본능적으로 할 수 있는 일이라도 하지 않으면 능력이 줄어들고 자주 하게 되면 아무래도 그 능력이 늘게 된다. 능력이 는다는 것은 그것을 더 잘할 수 있는 방법을 찾아내어 같은 시간에 더 잘할 수 있게 된다는 뜻과 더 많이 할 수 있다는 뜻과 더 빨리 할 수 있다는 뜻이 내포되어 있다. 따라서 우리가 언어 능력이 없다는 것은 일단 선천적으로는 다른 민족과 동등하게 태어났다고 해도 후천적인 연습이 부족해서 언어 능력이 감소했을 가능성은 얼마든지 있다.

우리는 일찍부터 중국에서 들어온 한자의 막강한 영향력 아래 놓임으로써 한문을 이용한 언어 생활을 영위하게 되었다. 지적이고 공식적인 모든 언어 생활은 한문이라는 글을 통해서 이루어졌기 때문에 말을 잘해야 할 필요성을 별로 느끼지 못하고 살아온 것이 사실이다. 가정에서의 교육도 언어를 통한 교육보다는 문자를 통한 교육이 더 강조되었기 때문에 입을 통한 언어 생활은 많이 위축되었다고 볼 수 있다. 식자들 사이에서는 필담이라는 것이 유행하여 말이 잘 통하지 않거나 말로 할 필요가 없다고 생각할 때에는 거침없이 필담을 주고받았다. 이런 토양에서 말을 익히고 말을 정확하고 잘 사용하려는 체계적인 노력은 별로 중요하지 않았을 것이다. 서양에서는 일찍부터 웅변술이 발달하였고 일본이나 중국에서도 입말을 통해서 사회 생활이 역동적으로 이루어졌지만 한국에서는 말을 아끼는 문화가 더 심화되었다. 말을 잘못 해서 목숨을 잃은 일도 많이 있었기 때문에 더욱 말을 조심해야 하는 사회가 되었을 것이다. 여기에서 우리의 언어 능력이 감소한 원인을 하나 찾을 수 있겠다.

최근 학자들 사이에서는 한자를 모르기 때문에 우리의 언어 능력이 초라하게 되었다고 주장하는 사람들이 늘고 있다. 특히 정확한 개념을 모르고 어렴풋하게 소리가 비슷하면 같은 것으로 알고 쓰는 사람들이 늘면서 이런 주장이 부쩍 늘게 되었다. 아마 한자를 제대로 배워 알고 있다면 그런 잘못을 범하지 않을 것이라는 것이 이들의 주장이다. 앞에서 든 우리말과 한자어의 중복 사용의 경우가 대체적으로 한자를 몰라서 일어난 일이라고 할 수 있다. 요즘 이런 지적이 여러 곳에서 일어나기 때문에 사람들이 좀 신경을 쓰게 된 것이 사실이다. 이제는 '고목 나무'나 '역전 앞' 같은 말이 사라지고 있는 것이 사실이다. 이렇게 보면 한자를 제대로 알면 앞의 잘못은 많이 줄일 수 있을 것이다. 따라서 한자를 가르치자는 주장이 설득력을 얻게 된다.

그러나 한자를 배우기만 하면 이런 잘못이 사라질 것인지는 두고 보아야 할 것이다. 왜냐하면 우리말과 한자어가 근본적으로 맞지 않은 면이 있기 때문이다. 한자 곧 중국어는 단음절어이다. 중국인들은 사성(四聲)으로 이루어진 성조(聲調)를 기초로 하여 단음절어의 단점을 극복하여 사용하고 있다. 그러나 우리는 음의 성조를 분별하지 않고 그 대신에 다음절어에 더 익숙해진 사람들이다. 음절 하나에 길이와 높낮이 또는 강세를 부여하여 의미를 구분하려 하지 않고 음절의 수를 늘림으로써 의미를 구분하여 쓰는 언어 인식을 가진 사람들이라는 말이다. 따라서 중국인이 구별하여 사용하는 네 가지의 소리를 우리는 한 소리로 사용하게 되므로 자연히 우리말에 동음이의어가 수없이 많이 만들어지게 된다. 이는 우리가 아무리 한자를 잘 알더라도 글자를 한자로 적기 전에는 말로 구별할 수 없는 동음이의어가 지속적으로 양산될 가능성이 있음을 말해 주는 것이다. 동음이의어가 많아지면 자연히 이들을 구별하기 위하여 자연스럽게 앞에서 본 여러 군더더기가 덧붙을 가능성이 생기는 것이다.

 여기서 나는 우리가 우리말의 근본적인 특징을 이해하고 우리말 신조어에 대한 인식을 새롭게 해야 한다는 주장을 하고 싶다. 한국어에서는 음절 수가 의미 구분에 절대적인 영향을 미친다. 그런데 불행하게도 한국어는 다음절어이면서도 다음절로 이루어진 단어가 별로 없다. 대부분의 기초 어휘가 한두 음절로 이루어져 있다. 한국어 기초 어휘의 음절수는 유감스럽게도 평균 1.7~1.8개에 지나지 않는다. 우리가 다음절어 어휘를 많이 만들지 못했기 때문이다. 이런 까닭에 우리말에는 동음이의어가 광범위하게 나타나 언어 생활에 불편을 주어 왔고 이를 타개하기 위하여 무의식적으로 단음절어를 다음절어로 바꾸어 쓰는 노력이 진행되었다. 기틀(機—), 뒷배(—背), 야밤(夜—), 몸체(—體), 족발(足—) 같은 다음절어가 이렇게 해서 태어난 것이다.

 또한 우리의 언어 인식이 한 음절의 소리에 깊은 의미를 두기보다는 음절과 음절의 연결에서 일정한 뜻을 찾는 데 집중되어 있기 때문에 한자처럼 한 음절에 하나의 뜻을 갖는 언어를 쉽게 받아들이지 못한다. 따라서 한자 한 글자를 한 어휘로 인식하기보다는 어떤 뜻을 확인해 주거나 강화해 주는 소리로 인식하는 경향이 짙다. 이런 경우에는 뜻을 확실하게 드러내기 위하여 우리말을 보태는 노력이 일어난다. 애간장(―肝腸), 물수란(―水卵) 같은 단어가 새로 생기고, '아직 미완성(未完成)', '따뜻한 온정(溫情)', '파란 창공(蒼空)', '과반수(過半數)를 넘은', '뒷배경(―背景)' 같은 표현이 나타나는 이유도 여기에 있다. '미(未)', '온(溫)', '창(蒼)', '과(過)', '배(背)' 같은 한자어의 뜻을 정확하게 인식하려 하지 않는 것이 우리의 언어 인식이다. 앞에서 설명한 '독불장군(獨不將軍)'의 경우도 이런 이유로 나타난 현상이다.

우리의 언어 인식과 한자어와는 이처럼 근본적으로 메울 수 없는 틈이 있기 때문에 우리가 한자어를 사용할 때 매우 신중하고 정확한 방법을 사용하지 않으면 안 된다. 이미 한자어가 우리말의 많은 부분을 차지하고 있고 또 이를 이용해서 우리가 고급한 언어 생활을 하고 있기 때문에 부작용을 최소화하고 우리의 언어 인식 능력과 언어 사용 능력을 높일 수 있는 방안을 찾아 꾸준히 노력하지 않으면 안 된다. 우리말과 한자어의 만남이 숙명적인 것이었듯이 우리가 이를 극복하기 위하여 남다른 노력을 기울여야 하는 것도 숙명이라는 사실을 인정하고 차분히 이에 대처하는 것이 옳은 태도일 것이다.

우리의 언어 능력을 높이기 위해서는 먼저 우리말과 한자어 사이의 틈을 좁히는 노력을 해야 할 것이다. 앞에서 본 것처럼 우리말과 한자어 사이에 틈이 넓어지면 넓어질수록 우리 언어 능력은 낮아지게 되어 있다. 우리말과 한자어 사이의 틈을 좁히기 위하여 우리가 할 수 있는 일을 몇 가지 생각해 보자.

첫째로, 우리가 한자를 잘 알아야 한다. 한자를 모르고 한자어를 사용하는 것은 우리 언어 능력을 낮추는 결과만 가져온다. 영어 같은 서구어는 다음절어이기 때문에 우리말과 어울려 쓰더라도 우리 언어 인식 능력으로 충분히 우리말과 어울려 사용할 수 있다. 서구어라도 단음절로 이루어진 어휘는 우리말의 단음절어와 충돌할 가능성이 있기 때문에 문제가 없지는 않다. 그러나 다음절어인 경우에는 큰 문제가 없다. 앞에서 수없이 말한 바이지만 한자어는 단음절어이므로 우리말에 수용할 때에는 우리말의 단음절어와 충돌하는 일이 다반사로 일어나게 된다. 따라서 한자어는 단음절어로 사용하지 않고 두 개를 포개어 두 음절어를 만들거나 비슷한 뜻을 가진 다른 한자어와 합하여 두 음절어를 만들어 사용하는 것이 보통이다. '미미(微微)하다', '분분(紛紛)하다', '소소(小小)한', '근본(根本)', '기아(饑餓)', '암흑(暗黑)', '급여(給與)', '시행(施行)', '납입(納入)', '의론(議論)', '표현(表現)' 같은 단어가 그것들이다. 그러나 각 한자어가 고유한 뜻을 대변하여야 하는 단어들의 경우에는 다음절어라도 우리에게 부담을 주게 된다. '고온(高溫)', '미녀(美女)', '박수(拍手)', '수상(受賞)', '제안(提案)' 같은 어휘는 각 음절의 한자의 의미를 생각하지 않으면 쉽게 '높은 고온', '아름다운 미녀',

'박수를 치다', '상을 수상하다', '제기한 제안' 처럼 사용하게 된다. 이런 언어 생활에서 벗어나려면 도리 없이 한자를 제대로 알려는 노력을 하지 않으면 안 된다.

둘째로, 한자어 사용과 생성을 제어하는 능력을 갖추어야 한다. 국어에 한자어가 많이 있고 이것을 제대로 알아야 언어 능력을 높일 수 있다고 해서 한자를 배우고 한자어를 익히기만 하면 모든 문제가 해결되는 것은 아니다. 우선 한자를 모든 국민이 제대로 알게 하는 것이 쉽지 않다. 한자어는 고정된 것이 아니고 수없이 많이 생성되는데 이를 그때그때 국민들이 자기의 한자 실력으로 해결하게 하는 것은 결코 쉬운 일이 아니다. 학교 교육을 통해서 배울 수 있는 어휘나 사회 생활을 통해서 배울 수 있는 어휘가 제한되어 있는데 수없이 쏟아지는 한자어 속에서 비슷비슷한 한자어를 구별하기 위하여 한자 공부를 지속적으로 하게 하는 것은 바람직하지 않다. 다른 것을 배우고 익혀야 하는 기회를 빼앗을 위험이 높기 때문이다. 특히 실제 언어 생활에서는 말로 하는 경우가 대부분이고 글자도 한자를 쓰지 않고 한글로 쓰는 경우가 대부분이기 때문에 한자를 아는 것으로는 우리말과 한자어의 틈을 좁히는 데는 한계가 있다.

따라서 한자를 배우는 것 못지않게 우리가 꼭 해야 할 일이 있다. 그것은 한자를 무분별하게 사용하여 한자어를 새로 만들어 내는 것을 막는 일이다. 이와 관련하여 먼저 우리가 할 일은 한자어와 우리말이 양립해 있는 경우에 한자어를 쓰지 않고 우리 토박이 말을 쓰려는 노력이 필요하다. 예컨대 '돈육(豚肉)'과 '돼지 고기', '수족(手足)'과 '손발', '안면(顔面)'과 '얼굴', '구미(口味)'와 '입맛' 가운데서 '돈육', '수족', '안면', '구미'를 포기하는 강한 의지가 필요하다는 말이다. 이렇게 되면 어휘 수도 단출해지고 동음이의어 수도 줄일 수 있어 국어 능력을 높이는 효과를 볼 수 있게 된다. 국어 사전에는 한자어와 우리말이 같은 뜻으로 양립한 경우가 매우 많다. 뜻이 정확하게 일치하는 것도 많이 있고, 뜻이 거의 일치하는 것도 많이 있으며, 뜻이 상당히 일치하는 것도 많이 있다. 뜻이 정확히 일치하는 경우에는 한자어를 반드시 폐기하는 것이 좋다. 뜻이 어느 정도 일치하는 것은 가능하면 한자어를 폐기하는 노력을 해야 한다.

또 단음절 한자어를 접두어나 접미어처럼 사용하여 새로운 한자어를 만드는 노력도 삼가는 것이 좋다. 예컨대 '과년도(過年度)', '해사건(該事件)', '교배대(交配袋)', '공판정(公判廷)', '냉장육(冷臟肉)' 같은 단어는 '과(過)', '해(該)', '대(袋)', '정(廷)', '육(肉)'을 접두어나 접미어처럼 사용하여 만든 말인데 이런 말을 만들지 말고 그냥 '지난 연도', '그 사건', '교배 주머니', '공판 법정', '냉장 고기'로 쓰도록 하자는 것이다. 이렇게 한자어를 도태시키는 것은 단어 선택의 폭을 좁히는 일이라고 불만을 말하는 사람이 있을 수 있으나 그것은 국민의 언어 능력을 높이는 이익에 비하면 참을 수 있는 불만이라고 생각한다.

　셋째로 우리말(토박이말) 어휘를 쉽게 사용하고 자유롭게 새 어휘를 생성할 수 있도록 우리의 인식을 바꿔야 한다. 지금 우리는 좀처럼 낯선 토박이말을 쓰기 어렵고 토박이말로 새로운 말을 만들어 쓸 수 없을 정도로 토박이말에 대한 경직된 언어 인식을 가지고 있다. 새로운 한자어에는 아무 거부감이 없지만 우리말로 된 새로운 언어나 낯선 어휘에 대하여는 강한 거부감을 나타내는 것이 보통이다. 이런 언어 인식을 가지고 있는 한 우리가 가장 쉽게 이해하고 친하게 사용할 수 있는 토박이말의 어휘 증대를 꾀할 수는 없다. 토박이말 어휘가 없는 자리에는 어김없이 한자어가 차지하게 되는데 이는 결국 우리가 한자어를 배워야 하는 부담이 커지게 됨과 동시에 우리말과 한자어의 틈이 벌어지는 결과를 가져오게 될 것이다. 따라서 앞에서도 말한 바와 같이 조어법에 얽매여서 토박이말로 된 새로운 단어의 출현을 싹부터 자르려는 시도는 이젠 사라져야 한다. 다양한 경로로 다양한 토박이말이 새로 나타나도록 해 주고 그 말 가운데서 살아 남는 것을 우리말 어휘에 추가하려는 열린 언어 인식을 갖추어야 할 것이다.

　다음절어에 익숙한 사람들은 다음절어를 사용하여야 한다. 특히 음의 높낮이나 성조에 익숙하지 않은 사람들은 다음절어가 그들의 언어 생활의 질을 높이는 데 필수적이다. 음의 장단이나 음절의 수로 언어의 개념을 파악하는 데 익숙한 우리는 뜻을 가진 단음절어의 굴레에서 벗어나지 않고는 정상적인 언어 능력을 발휘할 수 없다. 따라서 이런 점을 우리 스스로 인식하여 음의 길이와 음절의 숫자로 구별되는 많은 어휘를 만들어서 사용할 수 있도록 우리의 언어 인식을 바꾸어 나가야 한다.

10. 영어 공용어 논쟁과 우리 언어의 자화상

공용어 논쟁을 일으킨 사람들

1998년 6월 30일 또는 7월 1일이었다. 한 신문사 기자한테서 전화가 걸려 왔다. 그는 인사를 마친 뒤 한 문인이 영어를 공용어로 삼자고 하는 책을 냈는데 본 일이 있느냐고 나에게 물었다. 내가 아직 보지 못했다고 대답하자, 그는 자기 신문에서 이 책 서평을 낼 예정인데 읽고 이 작가와 토론을 해 줄 수 있겠느냐고 물었다. 나는 책을 읽지 않아서 무슨 말을 할 수 없으나 영어를 공용어로 삼자고 주장했다면 그와 토론해 보겠다고 대답했다. 그리고 7월 3일에 그 신문에서 그 책을 소개한 글을 읽게 되었다. 책 이름은《국제어 시대의 민족어》였고, 저자는 복거일 님이었다. 이 책을 소개한 신문의 글 제목은 "과잉 민족주의에 反旗"로 되어 있고, 내용을 소개한 기사에는 민족주의를 비판하고 영어를 국어와 함께 공용어로 삼자는 주장을 했다고 씌어 있었다. 비교적 비중 있게 다룬 것임을 직감할 수 있었다.

  나는 그날 그 책을 사서 열심히 읽기 시작했다. 책이 비교적 얇아서 몇 시간 걸리지 않아 읽을 수 있었고 내용도 단순하여 내 생각과 글쓴이의 생각의 차이를 금방 짚어낼 수 있었다. 내가 그 책을 읽고 대번에 한 생각은 '소설가는 소설로 말하는 것이 더 현명하겠다'는 것이었다. 이 책에서 글쓴이가 근거 자료를 가공하여 결론을 끌어내는 방식이 마치 소설가가 주인공의 인격을 소설가의 취향에 맞추어 가공하는 방식과 비슷하다고 느꼈기 때문이다.

　나는 그 책의 가장 비논리적인 부분을 예로 들면서 그의 주장이 잘못되었음을 지적하는 것으로 원고지를 채워 기자에게 보냈고 내 글은 이틀 뒤인 7월 7일에 그 신문에 게재되었다. 누구나 그러겠지만 나도 신문에 나온 내 글을 읽고 또 읽으면서 혹시 내 글에 잘못이 있는지 살펴보았다. 논리적으로는 역시 잘못이 없다는 결론이 난 것은 그 다음날 아침이었다. 그런데 바로 그날 아침(7월 8일) 신문에 복거일 님이 내 반론을 반박하는 글이 실려 있었다. 정말 놀라운 순발력이라는 생각을 했다. 복거일 님이 내 반론을 기다리고 있다가 즉시 반박문을 작성하고 신문사에 이것을 보내자 신문사는 미리 그 난을 비워 놓고 기다리다가 글이 도착하자 약간의 편집 과정을 거쳐 기사화하였을 것이다. 이 정도면 이 토론은 신문사의 계획과 의지에 따라 진행될 것이라는 점을 알 수 있었을 것인데 나는 그런 것을 미처 깨닫지 못했다.

　나는 복거일 님이 내 반론에 반박문을 실었으니 이젠 본격적인 토론(상대 주장의 허실을 조목조목 비판하는 각론적인 토론)으로 들어가야 한다는 생각으로 그의 민족주의에 대한 오해와 언어에 대한 몰이해를 따지는 원고를 작성하기 시작하였다. 원고를 한창 작성하고 있는데 7월 10일에 뜻밖에도 복거일 님의 주장을 반박하는 서울대학교 한영우 교수의 글이 실렸다. 이 글을 보면서 나는 한편으로는 민족주의 대 탈민족주의 논쟁이 자

첫 선정적인 논쟁으로 흐를 가능성이 있겠다는 생각을 하게 되었고, 다른 한편으로는 '성숙한 지식인이라면 논쟁자의 논쟁을 지켜보면서 누구의 주장이 옳은지 판단하다가 자기 차례가 오면 자기 생각을 피력하는 것으로 만족해야 할 것인데 왜 남의 논쟁에 함부로 끼여들까' 하는 생각도 했다. 이 생각은 이 신문이 자기 의도와 목적을 가지고 이 논쟁을 시작하고 주도했었음을 알게 되었을 때까지 내 머릿속에 계속 남아 있었던 것이 사실이다.

특히 나를 놀라게 한 것은 한영우 님의 글이 실린 바로 다음날(7월 11일)에 복거일 님의 반론 글이 어김없이 나왔고, 한술 더 떠서 복거일 님의 글 밑에 "영어 共用語化 찬성 44%, 반대 55.3%"라는 제목으로 한 사설 병원의 의사들과 직원들을 상대로 조사한 결과를 제법 잘 보이도록 실어 놓기까지 한 점이었다.

공신력을 생명으로 하는 일간 신문이 어떻게 해서 이런 중대한 사안에 관하여 사설 병원이 의사와 직원들을 상대로 한 단순한 조사 결과를 여론 조사 결과라고 하여 기사화할 수 있었을까? 기사에서도 밝혔지만 그것은 단순히 그 병원이 의사와 직원들에게 의견을 물어본 것에 지나지 않았다. 그런데 이 신문은 구태여 이것을 여론 조사처럼 기사화한 것이다. 이 신문은 민족주의 논쟁과 영어 공영어화 논쟁을 묶어서 은근히 폐쇄적 민족주의자는 국어를, 개방적 민족주의 내지 세계주의자는 영어를 선호하는 것처럼 분위기를 몰아가고 있었다.

이틀 후인 7월 13일에는 이윤기 님이 복거일 님의 주장을 반박한 글을 실었고, 바로 다음날인 7월 14일에는 정과리 님이 복거일 님의 주장을 옹호한 글을 실었다. 이 신문은 논쟁의 전선을 매우 넓게 형성한 것이다. 그리고 이틀 후인 7월 16일에는 이제까지의 논쟁을 중간 점검하는 기사를 크게 실었다. 내 글이 실린 지 단 11일 만에 7편의 글이 실린 것이다. 독자들은 아마 이 놀랄 만한 속도감에서 이 논쟁을 흥미진진하게 보았을 것이다.

중간 점검은 "탈민족주의 논쟁 한국 사회 강타"라는 큼지막한 제목 아래 이제까지의 논쟁 내용을 요약하고 그 신문의 기자들이 인터뷰한 일반 시민들의 생각을 실었다. 그리고 그 신문의 인터넷 사이트에서도 이 논쟁이 불을 뿜고 있음을 알리는 인터넷 사이트 사진을 신문에 올려놓았다. 이 기사를 보면 전국민이 지금 민족주의와 영어 공용어 논쟁에 탐닉하고 있음을 금방 알아볼 수 있었다.

논쟁은 이후에도 몇 사람에 의해서 계속되었다. 7월 18일에는 박이문 님의 글이, 7월 20일에는 함재봉 님의 글이, 7월 21일에는 최원식 님의 글이 실렸다. 이 세 글은 영어 공용어화에 대한 반대와 찬성 논쟁이었다. 그리고 7월 31일엔 이 신문의 문화 부장 이름으로 이 논쟁을 마무리하는 기사가 실렸다. 논쟁이 시작된 지 26일 만이었다.

마무리 기사의 제목은 "禁忌 도전―보편 추구 가능성 발견"으로 되어 있었고, 부제목으로 "논리적 贊反 분위기 확산/ 한반도적 특수성 극복 계기"가 붙어 있었다. 그리고 인터넷으로 3만 7000명이 찬반 토론에 참여했는데 이들의 45.1%가 영어 공용어화를 찬성했고, 54.9%가 반대했다고 썼다.

  이 신문을 매개로 한 논쟁은 이렇게 해서 끝났다. 이 논쟁은 이 신문사가 기획하고 일정한 목적과 방향을 가지고 전개했음을 알 수 있다. 이 신문에 글을 올려 열변을 토로한 사람들은 사실은 모두 이 신문에 의해서 적절하게 임무를 부여받고 그 임무에 충실한 글을 써 준 배우였을 따름이었다.

논쟁의 맹점 │ 신문에서 한창 논쟁이 진행되는 동안에 방송이 가만히 있지 않았다. 공영 방송인 케이비에스 텔레비전을 비롯해서 교육방송, 엠비시, 에스비에스 등 공중파 방송뿐만 아니라 여러 케이블 텔레비전과 라디오 방송도 가세하여 영어 공용어화 논쟁의 마당을 마련해 주었다. 신문에서는 민족주의 논쟁과 영어 공용어화 논쟁이 비슷하게 다루어졌지만 텔레비전과 라디오에서는 단연 영어 공용어화 논쟁이 주류를 이루었다.

  이 논쟁에 참여한 방송사는 줄잡아 20여 곳에 이르는 것으로 생각된다. 내가 토론에 참여한 곳만 해도 5~6곳 정도이고 요청을 거절한 곳도 7~8곳에 이르니(내가 이 논쟁의 무익함을 깨달은 것은 그 해가 지난 뒤였다. 그러니까 1999년부터는 이 논쟁에 참여하지 않기로 결심하고 출연 요청을 사절하게 되었다.) 아마 20곳은 되었을 것이다.

그런데 놀라운 것은 토론에 참여한 사람이나 그 토론을 듣는 사람이나 토론을 주관하는 사람이나 모두 '영어 공용어화'가 무엇을 의미하는지 정확하게 모른 경우가 많았다는 것이다.

처음 논쟁을 일으킨 신문사 기자도 영어 공용어화 논쟁을 설명하면서 공용어를 '共用語'로 표기했다. 복거일 님의 책에는 한글로만 적혀 있어서 정확한 뜻을 알 수 없지만 일반적으로 공용어라고 하면 '公用語'를 생각하기 때문에 좀 의외였던 것이 사실이다. '共用語'라는 개념은 아직 국어 사전에도 오르지 않았을 정도로 그 의미가 불확실한 개념이다. 한자 의미에 따라서 개념을 생각한다면 '여럿이 함께 사용하는 언어'일 수도 있고 '다른 것과 함께 사용하는 언어'일 수도 있다. 앞의 뜻으로 생각한다면 영어는 이미 세계인들의 공용어로 자리잡았다고 볼 수 있다. 국제 사회에서 대부분의 회의가 영어를 매개로 하여 진행되고 있고, 영어가 통하지 않는 나라가 거의 없어졌기 때문이다. 그렇다면 영어 공용어화 논쟁은 새삼스런 것이 되고 만다.

반면에 뒤의 뜻으로 생각한다면 '한국어와 영어를 함께 쓰자'는 주장이 된다. 이중 언어 생활을 하자는 뜻이다. 한국어도 쓰고 영어도 쓰면서 살자는 주장이라고 할 수 있다. 이 주장은 영어 잘하는 사람들끼리 영어로 의사 소통을 하면서 살아가고 그렇지 않은 사람은 국어를 쓰면 그만이라고 볼 수 있다. 그렇다면 특별한 논쟁 거리가 되지 않는다. 미국에 수많은 인종이 살면서 어떤 사람은 한국어를 하며 살고 있고 어떤 사람은 중국어를 하며 살고 있다. 미국이 이런 사람들에게 한국어나 중국어를 사용하지 말라고 강요하지 않는다. 우리도 마찬가지이다. 미국인이 한국에서 한국어를 사용하지 않는다고 해서 누가 그를 욕하겠는가. 설령 한국인이 영어로 말하면서 살더라도 나무라거나 제어할 일이 아니다. 적어도 그의 말을 듣는 사람이 영어를 알아듣는 데 어려움이 없는 사람이라면 말이다.

그렇다면 우리는 무엇을 위해 논쟁을 하였는가? 논쟁 거리가 되지 않는 것을 가지고 논쟁을 벌인 것이 아닌가? 아직도 많은 사람들은 '영어 공용어화'에서 쓰인 공용어의 개념을 잘 이해하지 못하고 있는 것이 사실이다. 한 토론회에서 내가 "우리 민족은 한문을 공용어로 채택하여 2000년을 지내 왔다. 그런데 일반 국민은 한문을 쓰지 않고 우리말을 써 왔다. 오늘 우리가 쓰고 있는 국어는 이렇게 해서 우리에게까지 전달되었다. 우리가 한문을 공용어로 써서 얻은 것이 무엇이고 잃은 것이 무엇인지 생각해 보았는가?"라고 물은 일이 있었다. 상대는 과거 우리 사회가 한문을 공용어로 사용했다는 사실을 이해하지 못하였다. '공용어'라는 개념에 혼란을 가지고 있었기 때문이었다. 그래서 논

점이 전혀 형성되지 않고 서로 다른 이야기만 하다가 끝날 수밖에 없었다.

새삼스런 이야기지만 공용어(公用語)란 국가가 공식적으로 인정한 국가의 언어라고 할 수 있다. 일제 시대에는 일본어가 공용어였다. 정부 기관에서 일을 보려면 일본어를 해야 했고 학교에서나 직장에서나 일본어를 써야 했다. 정부의 모든 서류가 일본어로 되어 있고, 모든 행정 절차가 일본어로 이루어졌다. 이것이 공용어이다.

영어를 공용어로 하자는 것은 국가 기관에서 영어를 사용하여 국민들을 상대로 일하고, 국민들은 국가나 지방 자치 단체에 가서 일할 때에 영어를 써야 하고, 학교에서도 공식적으로는 영어만 가르치고 영어로만 생활하게 하자는 것이 영어 공용어화의 핵심이다. 마치 일제 시대에 일본어가 공용어였던 것처럼 영어를 공용어로 삼자는 것이 복거일 님의 영어 공용어화 주장의 의미이다.

만일 국어를 공용어로 두고 영어를 새롭게 공용어로 추가하자는 것이라면 이중 국어 시대로 가자는 주장이 된다. 이중 국어를 쓰게 되는 이유는 국민 가운데 한국어를 사용하는 사람과 영어를 사용하는 사람이 있는데 한국어만 사용하게 하니 영어를 사용하는 사람들이 불편해서 안 되겠다고 느낄 때 영어도 공용어로 사용하도록 하는 것이다. 이럴 경우에는 정부 각 기관에도 한국어와 영어를 쓰는 직원이 있어야 하고, 신문이나 방송도 두 언어를 같은 수준으로 배려해 주어야 한다. 복거일 님도 과도기적으로 이런 형태의 영어 공용어화를 주장한 것 같다. 그리고 영어 공용어화를 반대하지 않은 사람들은 대체로 이런 정도의 영어 공용어화라면 나쁠 것이 없다는 반응이었던 것 같다.

이런 영어 공용어(公用語) 논쟁은 우리 사회가 영어를 쓰지 않음으로써 불편을 느끼는 국민, 다시 말하면 한국어로 의사 소통을 하는 것보다 영어를 쓰는 것이 더 편리하게 여기는 사람들이 일정한 세력을 형성하며 살고 있고 이들이 강력하게 영어를 한국어와 함께 공용어로 인정해 달라고 요구할 때에 생길 수 있는 성질의 것이다. 단순히 영어를 잘하기 위해서 영어를 공용어로 삼자는 것은 선후가 뒤바뀐 논쟁인 것이다.

우리 사회에서 영어가 한국어와 나란히 공용어로 인정되려면 먼저 영어를 잘하는 공무원이 무수히 많아야 하고, 영어를 잘하는 국민이 무수히 많아야 하며, 영어로만 생활하는 국민이 무수히 많아져야 한다. 영어를 공용어로 만들면 그렇게 될 것이라는 것은 민족을 거대한 실험 대상으로 만들려는 생각일 뿐이다.

논쟁의 무모성 | 돌이켜보면 이 논쟁은 참으로 무모한 논쟁이었다. 한 지식인이 자기 생각을 책으로 펴 내면 그런 생각을

하는 사람도 있구나 하는 마음으로 이해하고 넘어가면 될 일이지 구태여 이를 반박하는 글을 쓴다는 것은 긍정적이지만은 않다. 더욱이 일간 신문에서 주도적으로 논쟁을 일으키는 것 역시 그러하다.

우리 사회에는 다양한 의견들이 존재한다. 어떤 의견도 그 자체로 의의가 있고 그 의견을 가진 사람의 인격을 대변한다고 보아야 할 것이다. 조금 치밀하지 못한 의견이나 조금 현실성이 없는 의견, 또는 개인적인 취향이나 이익에 사로잡혀 나온 의견 등 어떤 의견이라도 한 인간의 인격을 거쳐 나온 것이라면 일단 하나의 의견으로서 들어 줄 가치가 있는 것이다.

복거일 님의 주장도 그것이 공리공론에 불과할지라도 그분의 의견으로 받아들이고 '당신의 의견은 그런 것이군요.' 하는 선에서 내 관심을 다른 곳으로 돌렸더라면 이런 무모한 논쟁을 일으키지 않을 수도 있었을 것이다. 내가 그의 의견의 무모함을 밝혀서 다른 사람들에게 이를 알리겠다는 생각을 한 것이 지나친 결벽주의요 다원화하는 사회에서는 별로 도움이 되지 못할 사고방식이라는 것을 뒤늦게 깨달은 것이다.

사람 사는 사회에서 논쟁이 없을 수는 없다. 내 의견과 다른 의견을 주장하는 사람이 있으면 그와 논쟁을 벌여 누가 옳은지 가리고 싶은 욕망을 가지는 것은 사람의 상정(常情)이다. 이런 욕망을 적절하게 분출하여 옳고 그름을 가리는 것이 토론과 논쟁이다. 따라서 논쟁을 무조건 잘못이라고는 말할 수 없다. 다만, 논쟁을 할 만한 것에 대하여, 논쟁에 적합한 방법을 동원하여, 논쟁에 적합한 마당에서 하여야 논쟁다운 논쟁을 할 수 있게 된다. 그런데 영어 공용어화 논쟁은 너무 뜻밖에 일어났고 너무 무질서하게 진행되었으며 너무 일방적으로 마감되었다. 시작과 진행과 마무리가 한 신문사의 각본에 따라서 정해진 결론을 끌어내기 위하여 순식간에 이루어졌기 때문에 실체도 모호한 무모한 논쟁에 많은 사람이 끌려 들어갔던 것이 사실이다.

논쟁을 일으킨 신문사도 무모했고, 그에 장단을 맞춰 글을 쓴 사람들도 무모했고, 실현 불가능한 것을 주장하며 세상의 이목을 끌어내려 한 사람도 무모했다. 이렇게 무모한 사람들이 만들어간 논쟁이 생산적인 결과를 얻지 못한 것은 당연한 일이었다.

논쟁에서 얻은 소득 | 비록 영어 공용어화 논쟁이 무모한 것이었다지만 거기에 참여한 사람들은 약간의 이익을 얻었다. 그 이익은 사람에 따라서 다르겠지만 나도 일정한 이익을 얻었다고 생각한다. 처음으로 국제어 시대의 모국어로서 영어를 쓸 것을 주장한 복거일 님은 자기 존재를 세상에 알린 큰 이익을 내었다. 그것이 본인에게 이익이 되는지 손해가 되는지는 내가 평가할 수 없지만 적어도 그가 그 생각을 조그만 책에 실을 때만

해도 예상하지 못한 커다란 성과였을 것이다.

이 논쟁을 일으킨 신문사도 이익을 얻었을 것이다. 7월 한 달 동안 많은 독자들을 자기 신문에 붙들어 놓을 수 있었으니 상당한 이익을 얻지 않았겠는가? 모든 신문이 단 하루라도 독자들의 눈을 사로잡을 묘안을 짜느라고 머리를 싸매는데, 이 신문은 여름 한 달 내내 독자들의 눈을 붙들어 매는 성과를 올렸으니 아마 본인들도 그 성공에 만족했을 것이다.

나도 약간의 소득을 올렸다. 우선 내가 무슨 생각을 하며 사는 사람인지 세상에 좀더 명확하게 알리는 계기가 되었다. 그래서 영어 공용어 논쟁이 벌어지는 마당에는 어김없이 내가 초청되었던 것이다. 그것이 나에게 이익이 되었는지 손해가 되었는지 판단할 수 없지만 표면적으로는 소득이 있었다고 할 수 있다. 그러나 이런 것보다 더욱 나에게 큰 소득이 된 것은 내가 한국인의 다양성을 좀더 현실적으로 깨달을 수 있게 된 점이었다.

나는 별로 의심하지 않고 한국인은 모두 한국어를 제대로 쓰는 것이 당연하다고 생각해 왔다. 그리고 한 걸음 더 나아가서 그것을 한국인의 의무로 생각하기까지 했다. 그런데 이 논쟁을 계기로 해서 나는 국어에 관하여 나와 전혀 다른 생각을 하는 한국인이 있다는 점을 알게 되었다. 그런 사람들은 크게 두 부류로 나눌 수 있었다.

한 부류는 아이들에게 무조건 영어를 잘하도록 가르치겠다고 생각하는 저돌적인 어른들이다. 일종의 영어 지상주의자라고 할 수 있는 사람들인데 이런 사람들은 대개 초등학교 아이들을 유학시켜 영어를 배우게 하려고 한다. 이들은 영어를 성공의 지름 길로 생각한다. 그래서 자기는 영어를 못해도 자식은 영어를 유창하게 하도록 하겠다는 각오를 밝힌다. 자식과 부모 사이에 의사 소통이 제대로 안 되는 것도 별로 걱정하지 않고 말이다. 이런 사람들은 한국어를 자신과 전혀 상관없는 것으로 생각하는 것 같았다. 언어에 대한 최소한의 인식도 갖추지 못하고 말살이를 하는 사람들이었다.

다른 부류는 주로 영어를 잘하는 사람들 가운데 나타났는데 한국어보다 영어로 말하는 것이 더 좋다고 생각하는 사람들이다. 한국어는 존대법 같은 것이 많아 대화하는 데 불필요한 신경을 쓰게 만들고 논리적으로 말하기도 쉽지 않고 새로운 개념을 일일이 한자어로 바꾸어 이야기하기도 쉽지 않으니 그냥 영어로 말하는 것이 훨씬 쉽다는 것이다. 오랫동안 미국에서 살면서 미국에서 교수 생활을 하다 한국에 돌아온 한 중년의 교수는 솔직하게 "영어로는 자신 있게 강의할 수 있는데 한국어로 하려니 힘들다."라고 하는 말을 들었다. 영어 개념을 한국어로 번역하기가 어렵다는 고백이었다. 특히 한자를 잘 모르는 교수일수록 그렇게 생각하는 정도가 심한 것 같았다. 한국어 실력이 없으니 고도한 학문을 한국어로 강의하기가 어려울 것은 당연한 일일 것이다.

이런 두 부류가 우리 사회에 상당히 많이 있음을 나는 이 논쟁의 과정에서 알게 되었다. 그래서 한국인에게 한국어를 제대로 가르치고 모국어의 중요성을 인식하게 하는 교육 프로그램이 필요하다는 생각을 절실하게 할 수 있었다. 바로 이런 생각을 하게 만들어 준 것이 영어 공용어화 논쟁이 나에게 남겨준 큰 소득이었다. 이제까지 여기저기에 분산되었던 나의 노력을 한국어를 제대로 사용하는 한국인을 만드는 일에 집중할 수 있게 된 것이 이 논쟁에서 내가 얻은 최대의 소득이라고 할 수 있다.

영어를 어떻게 볼 것인가 | 영어 공용어화 내지 민족어화를 부르짖은 복거일 님은 영어를 어떤 언어로 보고 있는지 궁금하다. 그의 책을 두루 살펴보아도 딱히 그가 영어의 본질을 어떻게 파악하는지 밝히는 대목이 없다. 다만 이에 가장 가까운 이야기가 아래와 같이 적혀 있다.

이 세상의 여러 문명들이 하나의 지구 제국으로 통합되어 가는 지금, 영어를 앵글로색슨족의 언어로 여기는 것은 비합리적이고 비현실적이다. 영어는 이제 인류의 표준 언어다. 그 사실을 외면하는 것은 누구에게도 도움이 되지 않는다.(복거일—국제어 시대의 민족어)

그는 영어를 앵글로색슨족의 언어가 아닌 세계 표준어라고 정의하고 있는 것이다. 이렇게 주장하는 것은 한 자유 지식인의 자유일 수 있으니 여기서 논하지 않기로 하고, 다만 영어를 앵글로색슨족의 언어로 여기는 것은 비합리적이고 비현실적이라는 주장은 학문적으로 비난을 받아야 할 대목이다. 영어가 인류의 표준어(이 용어의 의미도 불명확하다)가 되건 어떻건 간에 영어가 어떻게 형성되고 어떻게 해서 우리가 배우게 되는지는 알아야 하지 않겠는가. 생각을 그렇게 결과 지상 주의 식으로 할 것이 아니라 '영어는 이런 언어인데 지금 이런 이유로 세계인이 두루 쓰게 되었다. 그러니 우리도 영어를 공용어로 삼든지 모국어로 삼든지 해야 되지 않겠는가'라고 주장하는 것이 옳을 것이다.

영어는 게르만족의 일파인 앵글로색슨족이라고 불리는 사람들의 언어이다. 그들이 많은 어려움을 극복하고 지켜내고 발전시킨 언어이다. 지금의 영어에는 앵글로색슨족의 역사와 문화가 고스란히 녹아 있다. 영어에 관련되는 이야기만 잠깐 하면서 영어의 실체를 수박 겉핥기 식으로나마 조금 벗겨 보겠다.

영어는 원래 게르만어의 성격이 강한 언어였다. 앵글로색슨족이 영국으로 건너가서 원주민인 켈트족을 내쫓고 그들의 왕국을 건설할 때에만 해도 게르만어 요소가 강력하게 있었다고 한다. 그러나 앵글로색슨족의 역사가 순탄치 않아 이민족의 침략을 받고 그에 굴복함으로써 영어도 수난을 당하게 되었다.

가장 먼저 영어에 영향을 준 것이 라틴어였다. 시저의 영국 정복을 시작으로 하여 로마의 영국 침략은 무려 260년 간에 이르게 되고 뒤이어 기독교 문화가 들어오면서 영국인들은 모두 기독교로 개종하게 됨으로써 라틴어는 영어에 절대적인 영향을 끼쳤다. 이 시기에 라틴어는 주로 상류 계급의 언어로 사용되었기 때문에 영어에서도 이들의 언어가 고급 언어로 자리잡게 되었다.

두 번째로 영어에 영향을 준 집단은 스칸디나비아에서 온 이른바 바이킹족들이었다. 이들이 영국을 양분하여 지배하는 300년 동안 영어는 스칸디나비아어의 영향을 강력하게 받게 되었다. 스칸디나비아어의 어휘들은 주로 생활어에 깊숙하게 침투하여 지금까지 영어의 일부로 남아 있다. 다만 이 경우에는 스칸디나비아 족의 인구가 영국인보다 현저하게 적어 영어가 스칸디나비아어에 더 많은 영향을 끼쳤다는 것이 학자들의 생각이다.

세 번째로 영어에 영향을 준 집단은 노르만인 곧 프랑스 사람들이었다. 이들은 약 300년 동안 영국을 지배하면서 영어를 몰아내고 프랑스어를 공용어(official language)로 채택함으로써 모든 사회 활동을 프랑스어로 하게 했다. 이로 인해 영어는 게르만어보다는 프랑스어에 가깝도록 성격이 근본적으로 변하는 엄청난 수난을 당하게 되었다. 프랑스어의 막강한 영향력으로 거의 빈사 상태에 빠진 영어를 구한 것은 14세기에 등장한 영국

최대의 시인 초서(Geoffrey Chaucer)와 성서를 영역한 옥스퍼드 신학 교수 위클리프(John Wycliffe) 같은 선구자들이었다.

네 번째로 영어에 영향을 준 것은 문예 부흥기에 들어온 그리스어였다. 14세기 초서 이후에 거듭난 영어는 16세기 후반에서 17세기 초까지 활약한 천재적인 문학가 셰익스피어를 만나 완성을 보게 되었다. 그러나 이 시기는 동시에 르네상스라고 불리는 새로운 문예 운동이 벌어지던 시기였다. 이 시기의 문예 부흥은 고전에 대한 관심에서 시작되었기 때문에 자연히 그리스어의 영향을 받게 되었다. 학술적인 전문 용어에 그리스어가 많은 것도 바로 이 시기의 영향 때문이다.

이처럼 영어는 한국어보다 훨씬 더 가혹한 핍박을 당하면서 오늘까지 살아 남았다. 빈사 상태의 영어를 다시 세우는 데 앞장 선 사람들은 시인, 소설가, 인쇄업자, 종교 개혁가 들이었다. 이들의 노력으로 18세기에 이르러서야 겨우 오늘의 영어와 같은 수준의 어법이 형성될 수 있었다.

이런 굴절된 역사 때문에 영어에는 유럽에 있는 중요한 언어의 자취가 고스란히 들어 있다. 그리고 그것이 오히려 자산이 되어 영어 어휘가 다른 언어를 압도할 정도로 엄청나게 늘어날 수도 있었다. 영국인은 잡탕말을 영어라는 우수한 언어로 재창조한 것이다.

영어의 역사를 보면서 영어 측에서 볼 때에 다행스러웠던 것은 영어에 영향을 끼쳤던 언어들이 모두 영어와 같은 다음절어였고 언어를 적는 데 사용한 글자도 소리글자였다는 점이다. 영어의 본질을 결정적으로 훼손할 수 있는 언어는 없었다는 점이다. 이것은 영어로서는 정말 행운이었다. 만일 중국어 같은 단음절어와 뜻글자의 영향을 받았다면 영어는 결코 지금처럼 발전하지 못하였을 것이다.

　이런 영어를 우리는 어떻게 보아야 하나? 그것은 분명히 영국인이 지키고 가꿔 온 언어이다. 우리는 거기서 영국인의 강인한 정신을 본받아야 하고 영국인이 자기 언어를 지키기 위해 기울인 노력을 음미할 수 있어야 한다. 단순히 세계인이 공통으로 쓰는 언어라는 점만 생각하고 그 언어를 지키고 발전시키기 위해서 기울인 그들의 노력을 도외시하는 것은 언어를 사람과 떼어서 생각하는 비현실적이고 지극히 기능주의적인 생각이다.

　우리가 영어를 배울 때 영국인들에게 감사할 필요까지는 없겠지만 최소한 '영국인들은 어떻게 해서 오늘날의 세계어인 영어를 만들어 낼 수 있었을까' 하는 의문과 관심은 표해야 될 것이다. 그래야 뒤에 영어가 쇠퇴하는 날 우리가 당황하지 않을 것이고, 우리에게 한국어가 의미하는 바가 무엇이며 한국어를 발전시키기 위해서 우리가 무엇을 어떻게 해야 될지도 알아 낼 수 있게 될 것이다.

민족과 모국어 | 영어 공용어화를 주장한 복거일 님의 궁극적인 목표는 영어를 모국어로 삼자는 것이었다. 다만 이를 급격하게 실현시킬 수 없으니 공용어로 만들어 모든 국민이 유창하게 영어를 하게 하고 다음 단계로 한국어를 버리고 영어를 완전한 모국어로 삼는 것이 현실적인 대안이라는 것이었다.

그러나 영어가 국제어라고 해서, 우리가 영어를 선뜻 쓰기는 어렵다. 무엇보다도, 우리 사회의 거센 민족주의적 감정이 그런 일을 용납하지 않을 것이다. 아울러 우리 시민들은 한국어의 습득에 큰 투자를 한 세대들로서 국제어의 채택으로 현실적 및 심리적 손해를 볼 사람들이다. 따라서 국제어의 채택에 반대하는 목소리들은 거셀 수밖에 없다.

따라서 상당 기간 한국어와 영어가 공존하는 상태가 나오는 것이 바람직할 것이다. 그렇게 하기 위해선, 영어를 공용어로 채택하는 조치가 현실적일 것이다. 아울러 그런 조치는 우리 시민들의 영어에 대한 투자를 보다 합리적으로 만드는 길이기도 하다.(복거일—국제어 시대의 민족어)

한 언어를 배우기 위하여 그 언어를 우선 공용어로 채택하는 것이 좋다는 발상은 언어와 인간의 관계를 마치 경제와 기업의 관계처럼 보는 데서 나온 것이다. 예컨대 기름 값을 올리면 기름 소비가 줄고 기름 값을 내리면 기름 소비가 늘 것이라는 예상 아래서 기름 값을 올리고 내리는 정책을 정하는 것처럼, 어떤 언어를 공용어로 선택하면 국민들이 그 언어를 잘 배우게 될 것이고 그 언어가 광범위하게 사용되면 그 언어를 모국어로 삼을 수 있고, 공용어로 선택하지 않으면 국민들이 그 언어를 중요하게 생각하지 않으므로 그 언어를 제대로 배울 수 없게 되고 그렇게 되면 국민들은 그 언어를 모른 데 따른 손해를 보게 된다는 주장을 하고 있는 것이다. 언어와 인간 사이에는 경제적인 요인만 작용하는 것이 아니고 인간의 문화, 그들의 정체성, 그들의 철학, 그들의 삶 자체가 그 사이에 존재한다. 그래서 학자들은 언어를 인간의 존재 그 자체라고 정의하는 것이다.

　모국어는 그 모국어를 쓰는 사람들의 인격이고, 그들의 삶이며, 그들 자신이다. 그 모국어를 부정하는 것은 그들을 부정하는 것이고, 그들의 삶을 부정하는 것이며, 그들의 존재를 부정하는 것이다. 그들이 모국어를 쓰지 못하게 되는 순간에 그들은 말할 수 없는 열패감에 빠지고 말 것이다. 모국어를 스스로 버릴 수 있는 민족은 이미 자신을 포기한 민족이라고 할 수 있다.

　인류 역사를 하나의 실험장으로 볼 때 우리는 민족과 언어에 관한 두 가지 상반된 사실이 일어났음을 알 수 있다. 하나는 유대 민족의 경우이고 다른 하나는 흔히 만주족이라고 하는 여진족의 경우이다.

　유대 민족은 기원전 몇 세기부터 요르단 강 유역의 가나안 땅에서 정착하며 살아 왔다. 그들은 유대교라는 종교를 믿고 히브리어라는 언어를 사용하던 민족이었다. 그들이 세계로 뿔뿔이 흩어진 것은 서기 72년 예루살렘이 로마에게 멸망당하면서였다. 로마는 유대인들을 가나안 땅에서 살지 못하도록 강제로 각지에 흩어 보냈다. 그리고 그 자리에 팔레스타인 사람들을 살게 했다.

  유대 민족은 그리스, 로마, 소아시아, 서유럽, 동유럽, 러시아 등 세계 여러 나라에 흩어져서 그곳에서 정착하고 그 지역의 언어를 사용하며 살기 시작했다. 각지에 흩어져 살던 유대 민족은 대체적으로 현지에서 많은 박해와 질시에 시달리면서 살아야 했다. 금전에 너무 인색하고, 매사를 계획에 따라서 꼼꼼하게 처리하여 다른 사람에게 틈을 보이지 않고, 그들끼리 모여서 특이한 종교 의식을 집행하는 등 여러 가지로 현지인과 구별되는 생활을 한 것이 그런 박해와 질시를 받게 된 이유였을 것이다. 정체성이 강한 유대 민족도 해가 갈수록 점점 모국어를 잊게 되었다. 백 년, 천 년이 지나는 동안 모국어는 유대교 의식을 집행하는 랍비나 사용하는 언어로 전락했고 대부분의 유대인들은 모국어를 잊게 되었다. 그래서 결국은 현지 언어를 모국어로 사용하는, 언어를 잃은 민족이 되고 말았다. 하나의 언어가 지구상에서 사라지게 된 것이다.

  그러던 민족이 2차 대전이 끝나자 그들이 한결같이 소망했던 시온 땅으로 이주할 수 있게 되었다. 그들이 그렇게 소원을 이룰 수 있게 된 것은 각지에 살던 유대인들의 경제적 힘이 해당 국가들의 외교를 움직일 수 있을 정도로 강력했기 때문이기도 했을 것이다. 어떻든 그들이 다시 2000년 전의 고향 땅으로 돌아와서 맨 먼저 시작한 일은 그들의 모국어를 재현하는 일이었다. 그것은 인류 역사에서 보기 드문 일이었다. 2000년 동안 외국어를 모국어로 생각하며 살았던 민족이 글자로만 존재하고 현실에서는 이미 사어가 된 언어를 복원해 낸 것이다.

만일 그들이 언어를 경제적으로만 생각했다면 영어, 프랑스어, 독일어, 러시아어, 이태리어 등 그들이 유창하게 하던 언어를 공용어로 삼을 수 있었을 것이다. 그러면 그들은 세계 어디에 나가도 외국인과 대화할 수 있으므로 경제적인 부를 축적하면서 행복하게 살 수 있을 것인데 무엇 때문에 이미 사라진 언어를 복원하여 새삼스럽게 국민을 교육하고 그 언어를 모국어로 삼으려 했을까? 왜 불필요하게 보이는 일에 엄청난 투자를 하였을까? 이것은 언어와 인간의 관계를 이해하지 못하는 사람은 이해할 수 없는 일이요 지극히 비경제적인 일이라고 생각할 수 있는 일이다.

몽골의 경우도 유대의 경우와 비슷한 바가 있다. 공산주의 소비에트 연방에 흡수되어 러시아어를 공용어로 쓰고 자기들의 고유 문화를 팽개쳤던 몽골이 공산주의 소비에트가 사라지자 곧바로 몽골 민족어를 다시 교육하고 공용어로 채택하였다. 이를 보면 인간은 할 수 있는 한 자기 언어 곧 모국어를 사용하려는 강력한 영적 욕구를 지닌 존재임을 알 수 있다. 한 민족이 그들의 모국어를 쓰는 것은 경제적인 것과 무관한 정신적, 영적인 욕구이다. 이것을 무시하고 언어를 경제적으로 따져서 모국어를 삼고 버릴 수 있다고 생각하는 것은 지극히 비인간적인 발상이다.

여진족은 역사적으로 두 번 중국을 제패한 민족이다. 그들은 일찍부터 정치적으로 고구려, 발해, 거란 등에 복속되어 있던 소수 부족이었다. 이들이 12세기 초부터 13세기 중반까지 '금(金)'이라는 대제국을 건설하고 중국을 호령하였으나 금이 멸망한 뒤에는 만주 일대를 유랑하며 유목 생활을 하였다. 그러다가 17세기 초에 다시 '청(淸)'이라는 제국을 만들어 중국을 제패하였다. 그런데 이들은 중국을 제패하자 그들의 본거지였던 만주 일대를 신성한 땅이라고 하여 아무도 살지 못하게 하고 모두 중국으로 이사를 했다. 인구 300만 정도에 지나지 않는 여진족이 그보다 백 배 이상 되는 중국인을 다스리기 위하여 북경을 비롯한 각 지역으로 이사를 했으며 한족(중국인)을 그들의 문화에 동화시키기 위해서 결혼 정책을 적극적으로 전개하였다. 대단히 과감하고 철저한 동화 정책이었다고 할 수 있다.

그러나 결과는 거꾸로 여진족이 한족에게 동화되는 역현상이 일어나고 말았다. 여진족이 수많은 한족을 다스리기 위해서는 중국어를 배워야 했기 때문에 각 지역으로 파견된 여진족은 자연스럽게 중국어를 생활화하게 되었다. 약 300년 간 중국을 지배하면서 여진족은 자연스럽게 중국인이 되었다. 19세기 청이 멸망할 무렵에는 몇 가지 여진족의 문화만 남아 있었을 뿐 대부분의 여진족은 중국인과 구별되지 않는 생활을 하게 되었다. 여진족의 언어는 특별한 경우가 아니면 중국에서 별로 사용할 기회가 없었다. 공용어이던 여진어가 스스로 도태되고 중국어가 청나라의 공용어가 되어 있었다.

  그런 시점에서 여진족이 이끌던 청은 멸망하게 되었다. 새로 국가를 세운 중국인의 눈에는 이민족이던 여진족이 그들을 지배하면서 그들을 멸망의 구렁텅이로 빠뜨린 것으로 보였다. 그래서 곳곳에서 여진족을 배척하게 되었다. 청의 권력층은 만주로 가서 새로운 국가를 세워 보려 했지만 그들은 이미 자생력을 갖추지 못한 상태가 되어 있었다. 수많은 여진족은 중국인으로서 살아가기를 원했고, 일부 여진족은 숨소리도 내지 못한 채 중국 현대사의 격변기를 지내야 했다. 결국 여진족은 고스란히 중국에 흡수되는 비운을 맞고 말았다. 이제 만주에는 여진족이 없다. 극히 일부 여진족 후예들이 여진족의 언어를 되살리려는 노력을 한다고 하지만 그것은 거의 절망적인 상황이다. 300년 동안 중국을 지배하던 지배자가 오히려 피지배 민족에게 동화되어 민족과 언어가 동시에 소멸한 역사는 우리에게 많은 것을 일깨워 준다. 물론 중국어에 여진어적 요소가 수용되었지만 몸통인 여진어가 사라진 마당에 중국어에 여진어가 영향을 미쳤다는 이야기는 여진어에게 아무런 의미가 없는 일일 뿐이다.

민족과 언어는 강한 연대감이 있는 것이 사실이지만 그런 연대감이 어떤 이유로 느슨해지고 거기에 강한 필요성 때문에 다른 언어가 민족과 모국어 사이에 끼여들게 되면 모국어도 바뀔 수 있다는 것을 유대 민족과 여진족의 경우가 웅변하고 있다. 또한 그들의 역사는 모국어가 바뀌는 것은 언제나 그 민족에게 엄청난 비극이라는 것을 동시에 가르쳐 주고 있다.

외국어와 모국어는 영원한 보완 관계 | 영어의 역사에서 보았듯이 대부분의 언어는 주변 언어에 영향을 받고 또 영향을 주면서 발전해 왔다. 전쟁으로 언어와 언어가 격렬하게 교섭하고 무역으로 언어와 언어가 자연스럽게 만나면서 언어들은 서로에게 영향을 끼친다.

현대에는 이른바 지구촌이라는 말에서 느끼듯이 인류는 이전 시대에서보다 훨씬 더 다양하고 긴밀하게 접촉하며 생활하게 되어 있다. 따라서 서로 만나서 함께 이야기할 언어가 절실하게 필요해진 것이다. 이런 필요에 따라서 영어가 자연스럽게 국제어로서 자리를 잡아가고 있는 것이다.

영어가 세계인에게 자연스럽게 세계어로 자리잡았다는 것은 곧바로 세계인의 표준어가 되었다는 것을 의미하지는 않는다. 다시 말하면 민족어는 방언이고 영어가 세계 표준어라는 말이 아니고 영어가 비교적 세계인이 많이 쓰는 공통어라는 뜻이다. 한국인과 중국인이 만나거나 일본인과 인도인이 만나거나 할 때에 각국의 사람들은 상대의 언어를 이해할 수 있어야 하는데 실제로 그럴 능력이 갖추어지기 어려우니 영어를 매개로 해서 서로 의사 소통을 할 수 있게 된다. 이 경우에 영어가 세계인에게 가장 보편적으로 사용되는 공통어가 되는 것이다.

지금 세계는 영어로 교류하는 영어 전성 시대이다. 따라서 세계 대부분의 젊은이들은 영어를 배우고 익히기 위해서 많은 시간을 들이고 있다. 이들이 영어를 배우고자 하는 것은 미국으로 대변되는 영어권 국가들과 장사를 하고 교류를 하는 데 도움을 받기 위해서이다. 또 영어를 이용하여 비영어권 국가들의 사람들과도 의사 소통을 할 수 있기 때문에 우선 영어부터 배우려 하는 것이다.

그러나 영어권 국가를 제외한 각 국가는 고유의 민족어를 가지고 그것으로 생활을 하고 있다. 따라서 각 나라 각 민족 사회와 교류를 원하는 사람은 영어말고도 각 민족어를 익혀야 한다. 일본인과 대화하고자 하는 사람이 언제까지나 영어를 매개로 하여 대화할 수는 없다. 할 수 있는 한 빨리 일본어를 배워서 일본어로 의사 소통을 하는 것이 더 유리하다. 마찬가지로 한국인과 장사를 하려는 중국이나 일본 사람이 언제까지나 영어로만 장사를 할 수 없다. 한국어를 빨리 배워서 한국인과 의사 소통을 원활히 해야 한다. 영어를 모국어로 하지 않는 민족과 교류하고 장사를 하려면 그 민족어를 배우고 익혀야 한다. 따라서 영어는 세계 공통어로서 알아야 할 언어이고 각 민족어는 구체적인 민족과의 교류를 위해서 알아야 할 언어이다. 영어만 알고 한국인과 장사하는 사람과 한국어도 알고 한국인과 장사하는 사람의 성공 가능성을 비교할 수 있는 사람이라면 어느 외국인이건 그가 한국인과 장사하려면 먼저 한국어를 알기 위해서 노력할 것이다. 따라서 각 민족어는 그 민족이 경제적으로 최소한의 힘을 가지고 있는 한 다른 민족에게 무시되거나 멸시되는 일이 없이 존재하게 될 것이다.

  이런 점에서 볼 때 인류는 모국어를 중심으로 하여 생활하되 세계인과의 열린 대화를 위해서 세계어인 영어와 각 민족어를 함께 배워 사용하는 시대로 진행할 것이라는 점을 쉽게 알 수 있다. 모국어는 민족 내부 생활을 위해서 절대적으로 중요한 요소이고, 외국어 특히 영어와 특정 외국어는 민족 외부의 사람들과 대화하고 정보를 얻는 데 절대적으로 중요한 요소가 된다. 모국어와 외국어는 서로 보완 관계 속에서 인류를 지적으로나 정서적으로 한 단계 높이 발전시켜 줄 것이다.

끝말 : 국어를 위해서 국가가 해야 할 일 몇 가지

　이제까지 나는 우리 국어의 문제와 국민의 국어 사용에 관한 문제를 여러 모로 지적하였다. 그러나 생각해 보면 이 정도로 국어가 살아 있고 이 정도로 국민이 국어를 사용하는 것만으로도 감사할 일이지 국어를 탓하거나 국민을 나무랄 일이 아니라고 할 수 있다.
　무능하고 무기력한 위정자 밑에서 죽기 아니면 살기로 겨우 버티어 온 민족이었고, 모화 사상에 짓눌려 제 나라 말을 헌신짝 버리듯이 한 집권 계급의 위세에서 겨우겨우 명맥을 유지해 온 국어였다. 그런 국어가 오늘날 이만큼이라도 존재하는 것은 일종의 기적이고 국민이 이 정도라도 몇몇 규범을 만들어 쓰게 된 것도 하나의 기적이라고 할 만하다.
　생각해 보면 국가는 국어를 위해서 한 일이 아무것도 없었다. 아직 국가는 국어가 무엇인지 그 개념도 완성하지 못하고 있다고 해도 과언이 아니다. 그러는 중에도 우리는 해방 이후 국어를 사용하여 문화와 산업을 일구어 왔다. 우리 역사에서 처음으로 국어가 국민과 함께 살아 왔고, 위정자의 핍박을 당하지 않고 발전할 수 있었다. 지난 50여 년의 세월은 국어에게는 처음 맞는 황금기였다고 할 수 있다. 그 황금기의 끝자락에 또다시 새로운 문제가 나타나고 있다. 민족이 과거 중국에 대해 가졌던 막연한 모화 사상이 미국으로 대표되는 외국 문물에 대한 모화 사상으로 대체되고 있는 조짐이 여기저기서 나타나고 있는 것이 그것이다. 그래서 영어 만능 주의 내지 영어 유일 사상으로 점점 빠져들지 않는가 하는 우려를 낳고 있다.

이제 국가가 국어를 위해서 해야 할 일이 분명히 생겼다. 민족의 영원한 모국어인 국어를 위해서 지금 국가가 해야할 일이 무엇인지 분명하게 인식하고 그 일을 하나하나 해 나가야 할 것이다.

국어란 무엇인가? | 국가는 먼저 이 민족의 모국어인 국어를 어떻게 규정해야 할까? 열린 마음으로 국어를 정의해야 할 시점이다. 영어로 대표되는 외국어와 국어의 관계를 어떻게 설정하며 날로 증가하는 외국어 수요에 대응하면서 국어를 어떻게 발전시킬 것인지 명확한 비전을 세워야 한다.

국어의 기본 틀을 어떻게 갖출 것인지, 국어의 정체성을 어떻게 지킬 것인지, 국어 발전을 위해서 무엇이 필요한지 고민해야 할 것이다. 각 지역 방언을 어떻게 다룰 것인지, 표준어를 어떻게 확립할 것인지 명확한 방침과 실천 계획을 가지고 있어야 할 것이다.

글자 문제는 어떻게 해결할 것인지, 한자는 어떻게 하고, 알파벳을 비롯한 외국 글자는 한글과 어떤 조화를 이루게 할 것인지, 한글은 지금 상태로 만족할 것인지 더 발전시킬 여지는 없는지 검토해야 할 것이다.

우리가 국어를 어떻게 보느냐에 따라서 위에서 열거한 것들의 필요성, 중요성, 실천 방법 등이 달라지게 된다. 따라서 국가는 국어를 어떻게 볼 것인지에 대한 국민적 공감대를 형성하는 일에 나서야 한다. 그래서 국민들의 국어에 대한 인식을 통합하고 고르게 만들 필요가 있다. 국민들이 국어에 대하여 일정한 의식을 형성하게 될 때 국민들에 의하여 국어는 자연스럽게 발전할 수 있게 될 것이기 때문이다.

국어 교육, 무엇을 가르칠 것인가? | 국어 교육은 국민들이 국어를 정확하게 잘 사용할 수 있도록 하는 데 집중되어야 한다. 고등 교육을 받은 사람이 국어를 제대로 사용하지 못한다면 국어 교육이 헛돌았다는 증거가 될 것이다.

국어를 잘 사용한다는 것은 정확하고 적절한 표현을 할 수 있는 능력을 갖추었다는 것을 의미한다. 말할 때에나 글을 쓸 때에나 국어를 사용하는 어떤 경우에도 어려움 없이 말하고 글을 쓸 수 있는 능력을 갖추도록 교육을 해야 한다. 국어에 관한 어떤 고상한 교육도 이 본질적인 교육이 제대로 되지 않으면 무의미한 교육이 되고 만다.

현재의 국어 교육은 입시 위주의 교육으로서 점수 많이 얻게 하는 교육으로 일관하고 있다. 그래서 대학을 나와도 제대로 자기 의사를 표현하지 못하는 국민을 대량으로 생산하고 있는 것이다. 글 한 줄 쓰지 못하는 국민, 여러 사람 앞에서 조리 있게 자기 생각을 말하지 못하는 국민을 생산하면서 국어 교육을 했다고 할 수는 없다. 국가는 먼저 국민들이 언어 생활을 잘 할 수 있는 교육 프로그램을 만들어 꾸준히 다양하게 실시하여야 한다.

바른 국어 생활을 담보할 수 있는 제도 | 우리는 다른 문화 국가와 달리 국가가 국어를 관리하는 햇수가 매우 짧았다. 따라서 좀더 짜임새 있고 과감하게 국어를 정비하지 않으면 국민들의 국어 생활이 편의적으로 흘러 국어의 혼란을 겪을 수 있다. 따라서 국어 생활의 규범을 철저하게 지킬 수 있는 다양한 제도를 마련해야 한다.

규범에 맞지 않은 국어 생활을 규제할 수 있는 보편적인 장치를 마련하고, 신문이나 방송 등 언론 출판에 종사하는 사람들을 일정한 수준 이상의 국어 능력을 갖추도록 하는 제도를 만들고, 정치인이나 교수나 교사 등 사회 지도층 인사들의 무질서한 언어 사용을 규제할 수 있는 제도를 만들어야 한다.

민주 사회요 개방 사회요 자유 사회라고 하더라도 사회의 공기요 민족의 영원한 삶의 수단인 언어를 지키고 발전시키는 데는 개인의 방자한 언어 생활을 자유라는 이름으로 허용하는 것은 옳지 못하다. 지금처럼 어지러운 국어 생활을 정리하고 국어를 지키기 위해서는 일정한 강제력이 필요한 시점이다. 국가는 민족이 국가에게 준 사명을 깨닫고 그에 적절한 일을 시작하여야 한다.

우 편 엽 서

보내는 사람

이름 :　　　　　　　　　(만　세)

남 □　여 □　　　미혼 □　기혼 □

직업 :

주소 :

휴대폰 :

e-mail :

□□□-□□

도서출판 **리수**

서울시 성동구 행당2동 328-1 한진노변상가 117호
전화 2299-3703　팩스 2282-3152　홈페이지 www.risu.co.kr

| 1 | 3 | 3 | - | 0 | 7 | 2 |

리수 독자 카드

- ■ 구입하신 책 제목 :
- ■ 구입하신 곳 :
- ■ 이 책을 구입하게 된 동기
  - 주위의 권유 □   선물로 받음 □
  - 기사나 서평을 보고
    신문 □ 잡지 □ TV □ 라디오 □ 인터넷 □ 기타 □
  - 서점에서 우연히(제목 □ 표지 □ 내용 □)이 눈에 띄어서
  - 리수의 홍보물 □ 이나 홈페이지 □ 를 보고
  - 이미 (작가 □ 출판사 □) 알고 있어서

- ■ 이 책을 읽고 난 느낌
  - 내용   만족 □ 보통 □ 불만 □
  - 제목   만족 □ 보통 □ 불만 □
  - 본문편집   만족 □ 보통 □ 불만 □
  - 표지   만족 □ 보통 □ 불만 □
  - 책값   만족 □ 보통 □ 불만 □

- ■ 구독하고 있는 신문, 잡지의 이름

- ■ 즐겨 듣는 라디오, TV 프로그램

- ■ 최근에 읽은 책 중 기억에 남거나 권하고 싶은 책은?
  - 책이름   • 출판사

- ■ 앞으로 리수가 출간했으면 하는 책은?

- ■ 이 책을 읽은 소감이나 리수에게 바라고 싶은 의견

회원께는 리수의 신간 정보를 보내드리며, 우수 회원을 선정하여 신간 도서 및 도서 상품권을 보내드립니다.
친절은 세상을 아름답게 만든다 -톨스토이 (『나에게 행복을 주는 비결』 이영미 지음)